Markus Öhler
Barnabas

Biblische Gestalten

Herausgegeben von
Christfried Böttrich und Rüdiger Lux

Band 12

EVANGELISCHE VERLAGSANSTALT
Leipzig

Markus Öhler

Barnabas

Der Mann in der Mitte

EVANGELISCHE VERLAGSANSTALT
Leipzig

Bibliographische Information der Deutschen Nationalbibliothek
Die Deutsche Nationalbibliothek verzeichnet diese Publikation in der Deutschen Nationalbibliographie; detaillierte bibliographische Daten sind im Internet über http://dnb.dnb.de abrufbar.

2. Auflage 2013

Printed in Germany · H 7014

Das Buch wurde auf alterungsbeständigem Papier gedruckt.

Umschlaggestaltung: behnelux gestaltung, Halle/Saale
Satz: Evangelische Verlagsanstalt GmbH
Druck und Binden: Hubert & Co., Göttingen

ISBN 978-3-374-02308-0
www.eva-leipzig.de

INHALT

VORWORT

Die neuerliche Beschäftigung mit Barnabas und der Anspruch, aus dem Elfenbeinturm hinauszutragen, was über Jahre an wissenschaftlichen Ergebnissen zusammengetragen wurde, war eine Herausforderung besonderer Art. Ich hoffe, sie wenigstens in Ansätzen bewältigt zu haben. Hinzu kam die spannende Aufgabe, die Wirkungsgeschichte eines Mannes zu erarbeiten, der in den Quellen, die über ihn berichten, stets im Schatten anderer steht. Dieser »Unbekanntheit« des Barnabas abzuhelfen ist das Ziel dieses Buches.

Zu danken habe ich zunächst Herrn stud. theol. Thomas Feldkirchner, der die schlimmsten Versehen sprachlicher und typografischer Natur beseitigte. Weiter bedanke ich mich bei Dr. Annette Weidhas für die Geduld, die sie mit mir hatte, und Herrn Thomas Wawerka für die Durchsicht. Und schließlich sei dieses Büchlein meinen Eltern als ein kleiner Dank für die immer wieder gewährte Unterstützung gewidmet.

Wien, im April 2004 Markus Öhler

A. EINFÜHRUNG

1. DIE PERSON

Barnabas gehört zu den wenig bekannten Gestalten des frühen Christentums. An der heutigen Rezeption zeigt sich das deutlich: In Kinderbibeln spielt er nur eine Nebenrolle oder wird gar nicht erwähnt. In der Ordnung der Predigttexte der Evangelischen Kirche kommt kein Text vor, in dem Barnabas auftaucht. Der Vorname Barnabas wurde und wird äußerst selten vergeben, sowohl im deutschsprachigen wie angloamerikanischen Raum. In Gesprächen habe ich oft erfahren, dass auch kirchlich sozialisierte Menschen mit dem Namen nichts anzufangen wussten. Manche verwechselten Barnabas sogar mit Barabbas, jenem Räuber, der in der Passionsgeschichte von Pilatus freigelassen wird (Mk 15,7–15 par.).

»Schuld« an dieser Unbekanntheit ist vor allem die Apostelgeschichte des Lukas. 23-mal erwähnt diese »erste Kirchengeschichte« zwar Barnabas und übertrifft damit die fünf Nennungen bei Paulus bei weitem. Dieser relativ hohen Quantität an Vorkommen entspricht aber keine Qualität.[1] 14-mal wird Barnabas im selben Atemzug mit Paulus genannt – siebenmal in der Reihenfolge »Barnabas und Paulus«, siebenmal andersherum –, nur neunmal tritt er mehr oder weniger selbständig in Erscheinung. Wirkliche Barnabasgeschichten, in denen er der alleinige Protagonist ist, werden lediglich in Apg 4,36 f. und 11,22–26 erzählt. Sonst steht unser Held im Schatten des Paulus, der Hauptfigur des

1 Zum Vergleich: Petrus wird 156-mal im Neuen Testament erwähnt (Apg 57-mal), Timotheus 24-mal (6), Silas, der Begleiter des Paulus, 16-mal (12), und Jakobus, der Bruder Jesu, 11-mal (3).

zweiten Teils des lukanischen Werkes. In den gemeinsamen Geschichten ist Paulus die vom Erzähler favorisierte Person, Barnabas lediglich die Nebenfigur. An keiner Stelle kommt er direkt zur Rede, an einer Stelle gehört er (gemeinsam mit Johannes Markus) nur mehr zu denen »um Paulus« (13,13). Dieser Befund macht verständlich, warum Barnabas sich in der Nachwelt bis heute schwer tut. Er hatte offensichtlich kaum Möglichkeiten, in das kirchliche Bewusstsein weit genug vorzudringen, um zu den selbstverständlich bekannten Persönlichkeiten des frühen Christentums zu gehören.

Möglicherweise gehört noch ein zweites Element dazu: Nicht immer hat sich Barnabas so verhalten, dass es ihm eine uneingeschränkt positive Nachrede verschafft hätte. Zum einen stellte er sich im Konflikt zwischen Petrus und Paulus in Antiochia auf die Seite des Petrus (Gal 2,11–14). Petrus hatte ausreichend andere Vorzüge, um trotz dieser Streitigkeit an hervorragender Stelle im kollektiven Gedächtnis zu bleiben. Barnabas gelang das nicht. Zum anderen berichtet Lukas von einem Streit zwischen Barnabas und Paulus über die Mitnahme des Johannes Markus, der zur Trennung der Missionare führte (Apg 15,36–39). Da Paulus als Held der Apostelgeschichte gilt, kam ihm auch hier mehr Sympathie als Barnabas zu.

Schon bald verblasste Barnabas im kollektiven Gedächtnis der Kirche. Abgesehen von den Paulusbriefen, genauer dem Galaterbrief, dem 1. Brief an die Korinther sowie dem Kolosserbrief, und der Apostelgeschichte, gibt es keine schriftlichen Quellen, die für die Frage nach dem historischen Barnabas verwertbar sind. Wo Barnabas in altkirchlichen Texten erwähnt wird, handelt es sich um Legenden. Dies gilt für die Zuschreibung eines frühen Briefes an Barnabas ebenso wie für die Pseudo-Klementinen. Die Barnabas-Akten, ein Loblied auf Barnabas oder Notizen bei den Kirchenvätern sind für die historische Rekonstruktion unbrauchbar. Das gilt erst recht für das mittelalterliche Barnabasevangelium. Diese Texte belegen lediglich, dass Barnabas auf Grund der Erwähnungen im Neuen Testament nicht gänzlich in Vergessenheit geriet.

Wie in der Alten Kirche war es auch in der historischen Erforschung des frühen Christentums. Auch sie hat Barnabas im Schatten stehen lassen. Die Forschung war mehr an den für sie wichtigeren Personen Petrus, Paulus oder dem Herrenbruder Jakobus interessiert. Sie wurden als Angelpunkte wichtiger theologiegeschichtlicher Entwicklungen gedeutet; eine Funktion, die Barnabas nicht zuzukommen schien. Die einzige umfassende Monografie aus früheren Zeiten stellt Otto Braunsbergers Buch »Der Apostel Barnabas. Sein Leben und der ihm beigelegte Brief« aus dem Jahr 1876 dar. Es blieb bis zum Ende des 20. Jh.s die einzige wissenschaftliche Untersuchung. Auch die angloamerikanische Forschung hat sich dieses Themas nicht angenommen.

Das wissenschaftliche Interesse an Person und Funktion des Barnabas bewegte erst 1998 Bernd Kollmann zur Veröffentlichung einer kleinen Abhandlung mit dem Titel »Joseph Barnabas. Leben und Wirkungsgeschichte«. 2003 folgte meine ausführlichere Untersuchung im Rahmen einer Habilitationsschrift (»Barnabas. Die historische Person und ihre Rezeption in der Apostelgeschichte«). Mit diesen Publikationen wurde der zypriotische Levit Barnabas ins Licht der Forschung gerückt und seine Bedeutung für die Entwicklung des frühen Christentums anerkannt. Die Beschäftigung mit ihm wurde zuletzt geradezu als »ein Thema für die Feinschmecker unter den Fachleuten« bezeichnet.[2] Im Folgenden werden viele Ergebnisse aus meiner ausführlichen Untersuchung aufgenommen.[3]

Mit diesem Buch möchte ich versuchen, die Bekanntheit des Barnabas über den engen Kreis der neutestamentlichen Forschung hinaus zu mehren. Dabei sollen zunächst seine Herkunft, die Bedeutung seines Namens und seine soziale Stellung geklärt werden. Die daran anschließenden Abschnitte werden sich mit seinen Beziehungen zu den beiden wichtigsten christlichen Gemeinden des frühen Christentums beschäftigen: Jerusalem und Antiochia. Dabei werden auch sein Verhältnis zu Paulus, die gemeinsame Missionsreise und die Differenzen zwischen beiden besprochen werden.

Methodisch werden vor allem die Zeugnisse des Paulus sowie die hinter der Apostelgeschichte zu vermutenden historischen Nachrichten ausgewertet. Den paulinischen Aussagen kommt selbstverständlich der Vorrang vor den lukanischen zu, wenngleich auch Lukas wichtige Details aus dem Leben des Barnabas überliefert. Die neutestamentlichen Zeugnisse werden außerdem in ihrem geografischen, sozialgeschichtlichen und allgemeingeschichtlichen Kontext untersucht. Abschließend soll es um die Wirkungsgeschichte des Barnabas von der alten Kirche bis in die Gegenwart gehen.

---

2 K. BERGER, Frankfurter Allgemeine Zeitung vom 12. 11. 2004 (No. 265), 37.

3 M. ÖHLER, Barnabas. Die historische Person und ihre Rezeption in der Apostelgeschichte, WUNT 156, Tübingen 2003.

Abb. 1: St. Barnabas,
Detail aus dem Grabmahl des Barnabo Visconti (1385), Mailand

2. Die zeitliche und geografische Einordnung

Der Zeitraum, in dem sich das Wirken des Barnabas entfaltete – zumindest jener Teil, von dem wir Nachrichten haben – sind die Jahre 30–52 n. Chr. In diese Spanne fielen die wichtigsten urchristlichen Entscheidungen, sowohl auf historischem wie auf theologischem Gebiet. Es entwickelten sich Formen des Christentums, die stärker, schwächer oder gar nicht mehr auf dem Gehorsam gegenüber der Tora, dem alttestamentlichen Gesetz, beharrten. Aus der galiläischen Bewegung um Jesus von Nazareth wurde eine Religion, die sich teils in größerer, teils in geringerer Kontinuität zum Judentum verstand. Sie bildete verschiedene christologische Bekenntnisse aus, diskutierte mit unterschiedlichen Ergebnissen über Zulassungsbedingungen zum Heil und tradierte Erzählungen über den Messias Jesus. Einzelne Personen wurden – jedenfalls in späterer Sicht – zu Leitfiguren unterschiedlicher Konzepte des Christentums: Paulus, der Herrenbruder Jakobus, Petrus, Johannes. Barnabas stand mit diesen Personen in mehr oder weniger engem Kontakt und war an den Entwicklungen beteiligt.

Die folgende Übersicht soll die zeitliche Einordnung der Ereignisse erleichtern. Dabei ist zu beachten, dass die einzelnen Daten und Abfolgen teilweise stark umstritten sind, was auch in den späteren Ausführungen deutlich wird. Die Schrägstriche geben deshalb mögliche Jahreszahlen an.[4]

---

4 Vgl. ausführlicher dazu ÖHLER, Barnabas 62–65.485 f.

um 10 v. Chr.(?)	Geburt des Barnabas
um 30 n. Chr.	Erscheinung des Auferstandenen und Beauftragung zur Verkündigung, Geldspende des Barnabas an die Jerusalemer Gemeinde
31/32	Martyrium des Stephanus, Vertreibung der Hellenisten, Bekehrung des Paulus – Barnabas bleibt in Jerusalem
nach 31/32	Mission des Philippus in Samarien, Juden- und Heidenmission in Antiochia
33/34	Besuch des Paulus bei Petrus und Jakobus in Jerusalem
nach 33/34	Reise des Barnabas nach Antiochia
34(?)–46/47	Wirken des Barnabas in Antiochia, Syrien und Zilizien
41	Verfolgung von Teilen der Gemeinde in Jerusalem, Martyrium des Jakobus Zebedäus
45/46	Barnabas überbringt eine Kollekte der antiochenischen Gemeinde nach Jerusalem und nimmt Johannes Markus nach Antiochia mit
46/47	Apostelkonvent in Jerusalem
46–47 (47–48)	Missionsreise des Barnabas mit Paulus durch Zypern, den Süden der Provinz Galatien und Pamphylien
47/48	Rückkehr nach Antiochia, Trennung des Barnabas von Paulus
48/49	Reise des Barnabas nach Zypern
49/50–52	Zweite Missionsreise des Paulus nach Kleinasien, Mazedonien und Griechenland
52	Auseinandersetzung des Barnabas mit Paulus in Antiochia
52–56	Dritte Missionsreise des Paulus

In diesen Zeitraum fiel der erste Höhepunkt des römischen Imperiums, der mit Kaiser Augustus eingesetzt hatte. Das Wirken des Barnabas als Missionar und Gemeindeleiter vollzog sich in der Regierungszeit der Kaiser Tiberius (14–37 n. Chr.), Gaius Caligula (37–41) und Klaudius (41–54).

Besonders wichtig für die Gemeinde in Jerusalem, zu der Barnabas gehörte, war die Zeit der Präfektur des Pilatus (26–36). In die Amtszeit von Agrippa I. (37–44) fielen die ersten Verfolgungen der Gemeinde. In den 40er–Jahren waren unter anderem Cuspius Fadus (44–46) und Tiberius Alexander (46–48), der Neffe des Philo von Alexandrien, Statthalter von Judäa.

In Syrien und dessen Hauptstadt Antiochia amtierte neben Vitellius (35–39), der unter anderem Pilatus' Absetzung betrieben hatte, Petronius als Statthalter (39–42), unter dem es 39 n. Chr. zu antijüdischen Unruhen kam.

Damit ist der geographische Raum, in dem sich das Leben des Barnabas vollzog, zum größten Teil bestimmt: Palästina (Judäa, Galiläa, Samarien, Phönizien und das Gebiet der Dekapolis) sowie Syrien. Lediglich auf den Missionsreisen verließ Barnabas diesen Raum und kam nach Zypern und in den Süden Kleinasiens.

B. DARSTELLUNG

1. Die Herkunft des Josef Barnabas

Für die Frage nach der Herkunft des Barnabas sind wir auf Informationen aus der Apostelgeschichte angewiesen. Lukas schreibt dort im Zusammenhang der Gütergemeinschaft der Urgemeinde: »Josef aber, der von den Aposteln Barnabas genannt wurde – das ist übersetzt ›Sohn des Trostes‹ – ein Levit, der Herkunft nach Zypriote, besaß einen Acker, verkaufte ihn, brachte das Geld und legte es den Aposteln zu Füßen.« (Apg 4,36 f.)

Im Folgenden beschäftigen wir uns mit den Namen des Barnabas, seiner Rolle als Levit und seiner Herkunft aus Zypern. Diese biographischen Angaben werden uns helfen, die Rolle des Barnabas in der Geschichte des frühen Christentums zu verstehen.

1.1 Die Namen »Josef« und »Barnabas«

1.1.1 »Josef«

Es fällt zunächst auf, dass Barnabas zwei Namen trug. Lediglich in Apg 4,36 begegnet sein – wie uns Lukas glauben lässt – eigentlicher Name »Josef«, der bedeutet: »Er (Gott) fügt hinzu«. Der biblische Name Josef – man denke an den Patriarchen, der nach Ägypten verschleppt worden war und dort sein Glück gemacht hatte – war in der Zeit des Neuen Testaments sehr beliebt. Jesu Vater wie auch einer seiner Brüder hießen so (Mt 1,16 u. ö.; 13,55), der Ratsherr, der die Bestattung Jesu organisierte (Mk 15,43 par) und andere Personen (Mt 27,56; Apg 1,23). Der Name gehörte zu den häufigsten im antiken Judentum, sowohl in Palästina – z. B.

der berühmte Historiker Flavius Josephus – als auch außerhalb, vor allem in Ägypten.

1.1.2 Die Vergabe von Beinamen

Das Problem an einem so häufigen Namen wie Josef war, dass die Unterscheidung von Männern gleichen Namens schwer fiel. Personen, die Josef, Jesus, Simon oder Judas hießen, trugen daher häufig Beinamen, die halfen, sie auseinander zu halten. Meistens hatten sie diese Namen schon von Jugend an. Freilich konnten Beinamen auch geändert, später vergeben oder durch neue ersetzt werden. Man kann grundsätzlich vier Weisen unterscheiden, nach denen Zweitnamen gebildet wurden.

Am häufigsten war ein *patronymer Name*, also eine Bezeichnung, die auf den Vater der Person verwies. Diese Form findet sich im Neuen Testament häufiger: So wird Jakobus, der Sohn des Zebedäus, von dem anderen Jakobus, dem Sohn des Alphäus, unterschieden (Mk 3,17 f. par). Jesus wird als Sohn des Josef bezeichnet (Joh 1,45). Dieser Sprachgebrauch ist typisch für die semitische Namensgebung.

Eine andere Möglichkeit waren Beinamen, die die *Herkunft* der Person angaben. So wird etwa der Ratsherr Josef von Arimathäa (Mk 15,43 par) durch die Angabe seines Wohnortes von anderen Personen namens Josef unterschieden. Judas wurde mit dem Beinamen Iskariot versehen, was wahrscheinlich auf seine Herkunft aus dem Dorf Kerijot verweist (Mk 3,19 u. ö.). Und auch Jesus selbst wurde »der Nazarener« genannt (Mk 1,24 u. ö.), was später sogar zu einer Bezeichnung für die Christen werden konnte (Apg 24,5).

Der dritte Weg, Beinamen zu erstellen, waren *Spitznamen*. Diese konnten ehrenvoll sein, sich nach dem Beruf richten oder besondere Eigenheiten körperlicher oder charakterlicher Natur beinhalten. So bezeichnet Jesus die beiden Brüder Jakobus und Johannes als Boanerges, »Söhne des Donners« (Mk 3,17), vielleicht weil sie so energisch auftraten (vgl. Lk 9,54). Ein anderer Jünger, Simon, erhält den Beinamen Zelotes (Lk6,15) bzw. Kananäus (Mk 3,18), weil er ein Eiferer, vielleicht sogar ein früherer Freiheitskämpfer war. Der bekannteste biblische Beiname ist Kefas/Petrus, den Simon, der Fischer aus Galiläa, von Jesus erhielt (Mk3,16; Joh 1,42).[5] Auch wenn es sich nicht auf den Namen einer Person bezog war es gebräuchlich, jemanden als den Sohn einer gewissen Geisteshaltung o. ä. zu bezeichnen: Jemand konnte ein Sohn des Friedens sein (Lk 10,6) oder ein Sohn des Verderbens (Joh17,12; 2Thess 2,3). Bekannt ist auch die Rede von den »Söhnen des Lichts« (Lk 16,8; Joh 12,36; 1Thess 5,5).

Schließlich bestand auch die Möglichkeit, Beinamen zu vergeben, die *aus einer anderen Sprache* stammten als der Herkunftssprache. Gerade bei semitischen Namen kam es häufig vor, dass die Person einen griechischen oder lateinischen Zweitnamen trug. Er erleichterte nicht nur die Unterscheidung, sondern wurde auch im Kontakt mit der hellenistisch-römischen Umwelt gerne als eigentlicher Name gebraucht. Bekanntestes Beispiel im Neuen Testament: »Saulus aber, der auch Paulus hieß.« (Apg 13,9) Der Begleiter

5 Ursprünglich hatte der Beiname Kefa »Stein» gelautet (Joh 1,42), war aber dann übersetzt worden; vgl. dazu C. BÖTTRICH, Petrus. Fischer, Fels und Funktionär, BG 2, Leipzig 2001, 42–46. Dieser ehrende Beiname des Simon ersetzte die Benennung nach dem Vater Jona (Mt 16,17) bzw. Johannes (Joh 1,42; 21,15–17).

von Barnabas und Paulus während der ersten Missionsreise trug den hebräischen Namen Johannes und den griechisch-lateinischen Namen Markus (Apg 12,12 u. ö.). Unter den Mitgliedern der Urgemeinde befand sich ein Josef Barsabbas Justus (Apg 1,23) – er trug also zu seinem aramäischen Beinamen Barsabbas noch den lateinischen Namen Justus.

Ein weiterer Umstand ist beachtenswert: Es kam häufig vor, dass der Beiname – egal, ob er auf den Vater, die Herkunft oder Eigenschaften verwies oder einer anderen Sprache entstammte – zum alleinigen Namen der Person wurde. Ab Apg 13,9 wird der Held der Apostelgeschichte nur noch als Paulus bezeichnet. Simon Kefas wird oft nur Kefas oder Petrus genannt (vgl. Gal 2,7 und 2,9). Auch Josef Barnabas ist, abgesehen von Apg 4,36, nur noch unter seinem Beinamen bekannt.

1.1.3 Die Bedeutung von »Barnabas«

Lukas weiß, dass der Beiname eine Bedeutung hat. Er übersetzt ihn mit »Sohn des Trostes« und merkt dazu an – wohl um die Vorrangstellung der Zwölf zu betonen –, dass der Name von den Aposteln stammt. Allerdings ist diese Übersetzung, so klar sie in der Apostelgeschichte vorgetragen sein mag, nicht unumstritten.

Zunächst ist festzuhalten, dass es sich um einen zusammengesetzten aramäischen Namen handelt. »Bar« bedeutet »Sohn«; eine Übersetzung muss also beginnen mit »Sohn des ...«. Die Erklärung von »nabas« ist dagegen schwierig.

Ähnliche Beinamen begegnen häufig im Neuen Testament: Barabbas (Mk 15,7.11.15 par; Joh 18,40), Bartolomäus (Mk 3,18 par; Apg 1,13), Barjesus (Apg 13,6), Barjona (Mt 16,17), Barsabbas (Apg 1,23; 15,22) oder Bartimäus (Mk 10,46). Auch die Benennung von Johannes und Jakobus als Boanerges (»Donnersöhne« Mk 3,17) geht darauf zurück.[6]

Auf Grund dieser Vorgabe und auch im Blick auf die häufigste jüdische Form, Beinamen zu vergeben, müsste man mit einem *patronymen* Namen rechnen. Der Vater des Josef könnte also Naba oder ähnlich geheißen haben.[7] Das wäre eine nahe liegende und sinnvolle Lösung, die allerdings zu den Informationen der Apostelgeschichte in Widerspruch stünde. Lukas hätte in diesem Fall nicht nur den Namen falsch übersetzt, es wäre auch nicht glaubhaft, dass Josef Barnabas ihn »von den Aposteln« bekommen hätte. Vielmehr hätte er ihn schon immer getragen. Eine Beziehung des Namens zu den anderen Angaben in Apg 4,36 f. – der levitischen Abstammung, der Herkunft aus Zypern oder dem Ackerverkauf – wäre ebenfalls nicht vorhanden.

Die zweite Möglichkeit, die wir oben genannt haben, verweist auf den *Herkunftsort*. Auch hier lassen sich einige Möglichkeiten finden, von denen der Ort Nob (1Sam 21 f.; 2Sam 21,16; Neh 11,32; Jes 10,32) am interessantesten ist. Er wird zwar in der Septuaginta mit »Nomba« wiedergegeben, beim zeitgenössischen Historiker Flavius Josephus jedoch mit »Naba« (Antiquitates 6,242.254.260). Nob war eine alte Priesterstadt in der Nähe Jerusalems, die Saul angeblich zerstörte (1Sam 22,19), die aber beim Anmarsch des assyrischen Heeres noch oder wieder bestand

---

6 Zu jüdischen Namen, die außerhalb des Neuen Testaments auf diese Form zurückgreifen, vgl. ÖHLER, Barnabas 143–148.

7 Alttestamentliche Namen, die ähnlich lauten, sind Nebai (Neh10,20), Nebo (Esr 2,29; 10,43) oder Nachbi (Num 13,14), die jeweils von der Septuaginta noch anders wiedergegeben wurden (Nobai, Nabou oder Nabi).

(Jes10,32). In Neh 10,32 heißt es, dass in Nob auch Leviten wohnten, was recht gut zur levitischen Abstammung des Barnabas passen würde. Vielleicht befand sich auch der Acker, den Barnabas verkaufte, in Nob/ Naba. So wäre auch die Vergabe des Beinamens durch die Apostel verständlich. Der Name würde dann »Sohn der Stadt Naba« bedeuten, wäre von Lukas aber falsch übersetzt worden.

Um die lukanische Wiedergabe zu rechtfertigen, wurde immer wieder nach Möglichkeiten gesucht, Barnabas als *Ehrennamen* zu deuten und in irgendeiner Weise von »trösten« abzuleiten. Von den hinter »nabas« zu vermutenden aramäischen Wörtern kommen lediglich Nabi', »Prophet«, oder Nebi'ah, »Prophetie«, in Frage. Die Bezeichnung »Sohn des Propheten«, sodass Barnabas' Vater ein Prophet gewesen wäre, ist sprachlich nicht nahe liegend und rätselhaft. Die Übersetzung »Sohn der Prophetie« ergäbe jedoch Sinn, da im frühen Christentum Prophetie eine wichtige Rolle spielte (vgl. etwa 1Kor 12,28 f.; Apg 13,1). Barnabas würde damit als Prophet bezeichnet werden, was sich durch Apg 13,1 stützen lässt: Die Leiter der antiochenischen Gemeinde, zu denen auch Barnabas gehört, werden »Propheten und Lehrer« genannt. Dagegen steht allerdings, dass Prophetie und Trost (aram. Meba") sprachlich und sachlich verschiedene Dinge sind.[8] Außerdem müsste man für eine Ableitung von *Sohn der Prophetie* (Bar-Nebi'ah) einige Änderungen bei der Übertragung ins Griechische annehmen. Im

8 M. HENGEL/A. M. SCHWEMER, Paulus zwischen Damaskus und Antiochia. Die unbekannten Jahre des Apostels. Mit einem Beitrag von Ernst Axel Knauf, WUNT 108, Tübingen 1998, 324 Anm.1338, verweisen auf die sachliche Nähe von Prophetie und Trost (z. B. in 1Kor 14,3.31; Apg 15,32), um die Übersetzung des Lukas als »Volksetymologie« verständlich zu machen.

Blick auf die anderen Angaben zu Barnabas in Apg 4,36 f. ließen sich jedoch Übereinstimmungen feststellen. Die Übersetzung wäre vielleicht nicht ganz zutreffend, aber es wäre plausibel, dass Josef seinen Beinamen von den Aposteln erhielt. Auch hinsichtlich der Charakterisierung des Barnabas als Ermahner (dahinter steckt das gleiche griechische Wort wie hinter Tröster) bzw. Prophet wäre diese Deutung interessant (Apg 11,23; 13,1; 14,22).

Die Angelegenheit wird durch einen weiteren Umstand verkompliziert. In der Antike gab es den Namen Barnabas bzw. sehr ähnliche Formen relativ häufig.[9] Das allein wäre kein Problem, doch die Bedeutung des Namens ist hier eindeutig: *»Sohn des (Gottes) Nabu/Nebo«*. Es handelt sich dabei um die Boten- und Schreibergottheit aus dem babylonischen Pantheon, deren Verehrung weit verbreitet war. Nebukadnezzar (2Kön 24,1) leitet sich ebenfalls davon ab. Tempel dieser Gottheit gab es zur Zeit des 1.Jh.n.Chr. unter anderem in Palmyra und Edessa. Die Benennung als Sohn einer Gottheit hatte den Sinn, den Namensträger unter den Schutz des betreffenden Gottes zu stellen. Es ist aber unmöglich, dass die Apostel an Josef einen Namen vergaben, mit dem sie ihn unter den Schutz einer paganen Gottheit stellten; einer Gottheit, der ihr Untergang angekündigt wird: »Bel bricht in die Knie, Nebo krümmt sich.« (Jes 46,1)

Aber vielleicht trug Barnabas diesen Namen schon immer als Zweitnamen. Immerhin haben wir einen Beleg aus Ägypten dafür, dass auch ein Jude Barnabis

---

9 Belegt sind Formen wie Barnabo, Barnabus, Barnebus, Barnabion oder Barnabis. Insgesamt handelt es sich um 45 Belege, die zum allergrößten Teil aus dem syrischen Raum stammen; vgl. ÖHLER, Barnabas 158–166.

genannt wurde, eine Quittung für die Kopf- und Deichsteuer:[10] »4. Bezirk. Pamphilos, Sohn des Barnabis, für die Kopfsteuer für das 8. Jahr unseres Herrn Trajan 4 Drachmen, für die Deichsteuer 3 Drachmen 4½ Obolen. Jahr 9, Hathyr 4.«

Da der Papyrus aus dem jüdischen Viertel des antiken Apollinopolis Magna stammt, handelte es sich bei Pamphilos und wohl auch bei seinem Vater Barnabis um Juden. Allgemein scheuten sich Juden nicht, auch Namen zu verwenden, die auf pagane Gottheiten verwiesen, allerdings stets in griechischer oder lateinischer Form.[11] Dann wäre jedoch zu fragen, warum Barnabas oder seine Eltern einen zweiten Namen neben Josef verwendet haben sollten, der nicht griechisch oder lateinisch, sondern wiederum aramäisch war. Obendrein verwies er auf eine heidnische Gottheit. Das ist so unwahrscheinlich, dass es sich bei der Übereinstimmung unseres »Barnabas« mit dem häufigen Namen Barnebus oder ähnlichen Formen wohl um einen Zufall handelt.

Es bleiben also drei Möglichkeiten: Josef erhielt seinen Beinamen im Blick auf seinen Vater, seine Herkunft aus Nob/Naba oder seine prophetischen Fähigkeiten. Ich ziehe, vor allem auf Grund der Beziehungen zur levitischen Herkunft, die Ableitung »Sohn der Stadt Nob/Naba« vor, doch spricht auch einiges für die Erklärung »Sohn der Prophetie«. Eine eindeutige Entscheidung lässt sich nicht treffen.

---

10 Der Papyrus wurde in Tell Edfou gefunden und stammt aus dem dem Jahr 105 n. Chr. (Corpus Papyrorum Judaicorum II No. 331). Es handelt sich dabei um den ältesten Beleg für diese Namensform.

11 Ein bekanntes Beispiel ist etwa der Missionar Apollos (Apg18,24; 1Kor 1,12 u. ö.).

Abb. 2: St. Barnabas, Nachfolge des Andrea Orcagna, Florenz, Kloster Santa Croce (Ende 14. Jh.)

1.2 Die levitische Abstammung

Im Vergleich zur Frage nach der Bedeutung der Namen haben wir es im Blick auf die levitische Abstammung des Barnabas mit einer einfacheren Materie zu tun.

Leviten stellten im Tempel gegenüber den Priestern die zweite Garde dar, und zwar schon seit der Zeit des Propheten Ezechiel (Ez 44,9–14; vgl. auch Num 3,6–10; 8,19; 18,6 f.). Ihnen waren die Hilfsdienste für den Kult zugeteilt, während die Söhne Aarons bzw. Zadoks das Priesteramt innehatten. Für die Zeit des frühen Christentums können wir in Palästina und in der Diaspora mit einigen Tausend Leviten rechnen, von denen nicht alle ihren Dienst am Tempel versahen. Immer wieder versuchten die »Underdogs« des Tempels, ihre Stellung zu verbessern; etwa indem sie forderten, ebenfalls die priesterlichen Leinenkleider tragen zu dürfen (Josephus, Antiqutates 20,216–218).

Die Aufgaben der Nachkommen Levis im Tempel waren vielfältig: Sie dienten als Musiker und Sänger, Wächter (die auch Polizeiaufgaben wahrnehmen konnten), Reinigungskräfte und Lehrer. Nach der Tora durften Leviten ebenso wie Priester kein Land besitzen (Num 18,20 f.; Dtn 18,1 f.), doch wurde dieses Verbot seit der Zeit Nehemias und Esras nicht mehr befolgt. Der Landbesitz des Barnabas stellt also weder ein historisches noch ein religiöses Problem dar.

Wichtiger für das Verständnis des Barnabas ist der Umstand, dass er als Levit über einen gewissen Grad an Bildung verfügen musste, um die Psalmrollen vorsingen und die Schrift lehren zu können. Er konnte Hebräisch und Aramäisch, auf letzteres weisen auch seine beiden semitischen Namen hin. Als Levit gehörte er gesellschaftlich zu einer Gruppe von Personen, die zwar nicht ganz oben stand, aber durchaus Möglichkeiten hatte aufzusteigen. Mit der levitischen Abstammung waren Bildung und ein gewisses Ansehen verbunden, ein großes Vermögen allerdings nicht.

1.3 Die Herkunft aus Zypern

1.3.1 Zypern in der Antike

Neben dem Namen und der levitischen Abstammung nennt Lukas in Apg 4,36 noch ein weiteres Detail der Biographie des Barnabas, nämlich seine Herkunft von der Insel Zypern.

Die Insel Zypern war z. Zt. des frühen Christentums eine römische Provinz unter Verwaltung des Senats (seit 22 v. Chr.). Sie war den Römern mit dem Sieg des

Augustus über Kleopatra im Jahr 30 v. Chr. zugefallen, sodass die Zyprioten von den Römern als unterworfene Feinde angesehen wurden. Die wirtschaftliche Bedeutung der Insel bestand in ihren zahlreichen Kupfervorkommen sowie in der Land- und Forstwirtschaft. Anders als manche Inseln der Ägäis, wie etwa Delos, spielte sie für die Seefahrt keine bedeutende Rolle als Hafen. In religiöser Hinsicht war Zypern, vor allem Alt-Paphos im Westen, als Heimat der Göttin Aphrodite bekannt. An ihren Ufern war die »Schaumgeborene« dem Meer entstiegen, wie es bei Hesiod beschrieben wird (Theogonie 177–196). Ihr Tempel auf Zypern war entsprechend der Popularität von Aphrodite/Venus ein bekannter Pilgerort.[12] Wie im gesamten Mittelmeerraum waren auch andere Kulte auf Zypern lebendig, unter anderem für Zeus, Apollon, Artemis, Demeter oder lokale althergebrachte Gottheiten. Auch der Kult für die Göttin Roma und der Kaiserkult wurden gepflegt, vor allem in der Oberschicht, denn die Römer hatten der Insel auch einen gewissen Wohlstand gebracht.

---

12 Aphrodite wurde in Palaia Paphos nur durch eine Steinstele repräsentiert, die auf Münzen abgebildet ist (vgl. T. B. MITFORD, Roman Cyprus, in: ANRW II.7.2, Berlin/New York 1980, Pl. III.2.). Über Besuche in Alt-Paphos berichten Sueton für den Kaiser Titus, der das dortige Orakel befragte (Tit. 5), und Philostrat über den Wanderphilosophen Apollonius von Tyana (Vita Apollonii 3,58).
Ein in Paphos aufgefundenes Graffiti aus dem 1. oder 2.Jh.n.Chr. soll übrigens den Namen Paulus und den Titel Apostel enthalten (J. HARRIS, Putting Paul on the Map, BAR 26/1, 2000, 14). Allerdings sind auf dem kleinen Stück zu wenige Buchstaben erhalten, um diesen Schluss ziehen zu können.

Abb. 3: Zypern in römischer Zeit

1.3.2 Das Judentum auf Zypern

Der Literatur zu Folge, gab es viele Juden auf der Insel. Bereits in 1Makk 15,23 ist von Juden auf Zypern die Rede, und Philo nennt die Inseln Euböa, Kreta und Zypern als Gebiete mit vielen jüdischen Gemeinden (Legatio ad Gaium 282). Besonders unter Herodes dem Großen bestanden enge Verbindungen zu Jerusalem, da der judäische König von Augustus den halben Ertrag der zypriotischen Kupferminen übertragen bekommen hatte. Alexandra, eine seiner Enkeltöchter, wurde mit einem Juden aus Zypern verheiratet (Josephus, Antiquitates 18,131). Besonders interessant ist der Bericht des Josephus über einen jüdischen Magier namens Atomos, der aus Zypern gestammt haben soll (Antiquitates 20,142): Er habe Drusilla, die Schwester von Agrippa II., durch einen Liebeszauber dazu gebracht, Felix, den römischen Statthalter Palästinas (52–60 n. Chr.; vgl. Apg22–24), zu heiraten.

Wie stark die jüdische Gemeinde auf Zypern war, wird auch durch den Judenaufstand 115/116 n. Chr. belegt, dem angeblich 240 000 Menschen zum Opfer gefallen sein sollen.[13] All das zeigt, dass das Judentum auf Zypern zahlenmäßig stark vertreten war. Kulturell hatte es sich der allgemeinen Hellenisierung angepasst, wie unter anderem aus den Namen zypriotischer Juden deutlich wird: Timios hieß der Gatte der Alexandra, Atomos der jüdische Zauberer, Artemion war der Anführer des Aufstands. Das beinhaltete den alltäglichen Gebrauch der griechischen Sprache und für jene, die es sich leisten konnten, eine griechische Bildung.

---

13 So schreibt es der Historiker Dio Cassius (Historia 68,32,2 f.), was aber gewiss übertrieben ist. Auch die dort berichtete Vertreibung aller Juden von der Insel ist durch Funde von Synagogeninschriften aus dem 3.–5. Jh. widerlegt worden.

In den neutestamentlichen Texten erfahren wir lediglich aus der Apostelgeschichte von Juden auf Zypern. Unter den aus Jerusalem nach der Steinigung des Stephanus geflüchteten hellenistischen Judenchristen aus Zypern (Apg 11,19 f.) waren einige auf ihre Insel zurückgekehrt, andere nach Antiochia geflohen. In 13,4–13 berichtet Lukas von der Mission des Barnabas und Paulus auf Zypern. Er erwähnt dabei Synagogen in der an der Ostküste gelegenen Stadt Salamis (13,5), außerdem in Neu-Paphos einen jüdischen Zauberer namens Barjesus Elymas (13,6.8). In 21,16 nennt Lukas einen zypriotischen Christen namens Mnason in Jerusalem, bei dem Paulus übernachtet.

1.3.3 Ein Jude aus Zypern in Jerusalem

Wie kam Barnabas nach Jerusalem? Möglich wäre, dass er, wie andere auch, als *Pilger* nach Jerusalem zog. Juden pilgerten vor allem zu Passah, zu Pfingsten oder zum Laubhüttenfest zum Tempel. Philo von Alexandrien schreibt dazu: »Viele Tausende strömen aus Tausenden von Städten, zu Wasser und zu Lande, von Ost und West, Nord und Süd, zu jedem Fest zum Heiligtum wie zu einem allgemeinen, sicheren Zufluchts- und Rettungsort.« (De specialibus legibus 1,69)

Die Pilger wohnten in Herbergen, bei Freunden oder in einer Synagoge, die eine Verbindung zum Herkunftsort des Reisenden hatte.[14] Wer keine Unterkunft fand, musste in Zelten oder in Nachbarorten wie Bethanien (vgl. Mk 11,11 f.) übernachten. Die in Apg 2, 8–11 genannten Juden aus unterschiedlichen Ländern waren zum Teil Pilger. »Der Fremdenverkehr Jerusalems erstreckte sich von Germanien über das Parther-

---

14 Die so genannte Theodotos-Synagoge (siehe dazu unten S. 38–40) bot ausdrücklich Unterkunft für Auswärtige an.

reich nach Äthiopien.«[15] – Vielleicht war Barnabas aber auch ein *Einwanderer*, der sich entschlossen hatte, im Heiligen Land zu leben statt in der Fremde. Unter der großen Schar von Diasporajuden, die die Pfingstpredigt des Petrus hörten (Apg 2,8–11), waren auch zugewanderte Bewohner Jerusalems. Auch wenn Lukas Zyprioten in dieser Liste nicht nennt, so hat es diese zweifellos unter den Einwanderern gegeben. Mnason, der zypriotische Gastgeber des Paulus (Apg21,16), war wohl ein solcher. Die Einwanderer errichten in Jerusalem Synagogen nach dem Vorbild der Diaspora (vgl. Apg 6,9). Belege für Einwanderung sind auf den Inschriften von Knochenbehältern (Ossuaren) zu finden, die etwa auf die Herkunft aus der Zyrenaika (Nordafrika), Rom oder Palmyra verweisen.[16]

Möglicherweise war Barnabas nicht selbst nach Jerusalem eingewandert, sondern seine Familie. Darauf könnten vor allem seine Namen verweisen, denn Josef Barnabas trug keinen hellenistischen Beinamen, wie er in der Diaspora üblich war, sondern einen aramäischen. Zudem scheint es, dass Familienmitglieder des Barnabas in Jerusalem wohnten: In Kol 4,10 wird Johannes Markus als Neffe des Barnabas bezeichnet. Die Mutter dieses Johannes Markus namens Maria hatte ein Haus in Jerusalem (Apg 12,12). Es ist deshalb anzunehmen, dass Josef Barnabas zu einer Familie von Einwanderern gehörte, die sich ihrer Herkunft aus Zypern noch bewusst war. Zugleich betonte sie aber auch die levitische Abstammung.

Juden wanderten aus verschiedenen Gründen nach Jerusalem. Zu nennen ist etwa die hohe Bedeutung des Tempels und des Tempelkults. Auch die Möglichkeit,

---

15 So J. JEREMIAS, Jerusalem zur Zeit Jesu. Eine kulturgeschichtliche Untersuchung zur neutestamentlichen Zeitgeschichte, Göttingen [3]1969, 82. Pilgerreisen waren übrigens in der antiken Welt auch sonst üblich.

16 Vgl. dazu L. Y. RAHMANI, A Catalogue of Jewish Ossuaries in the Collections of the State of Israel, Jerusalem 1994; ÖHLER, Barnabas 178.

die Tora besser einhalten zu können, ist zu bedenken. Manche kamen, um bei Lehrern die Schrift und ihre Auslegung studieren zu können, wie z.B. Paulus (Apg22,3). Auch die Erwartung des Messias und der endzeitlichen Auferstehung könnte ein Anlass gewesen sein, um nach Jerusalem zu ziehen. Immerhin sollte dort der Tag des Herrn anbrechen (Sach 14,1–5).

Die Zuwanderer aus der Diaspora und wahrscheinlich auch ihre Nachkommen waren vom Hellenismus geprägt. Lukas nennt sie daher auch »Hellenisten« (Apg 6,1; 9,29; 11,20). Sie lasen das Alte Testament auf Griechisch und verständigten sich auch in dieser Sprache. Josef Barnabas wird das auf Grund seiner zypriotischen Herkunft nicht anders getan haben. Darauf verweist auch seine spätere Missionstätigkeit in Syrien, Zypern und Kleinasien.

Schließlich gehörten die Einwanderer, anders als heute, nicht zu den Armen, sondern zu den wohlhabenderen Kreisen Jerusalems. Sie konnten es sich leisten, ihre Heimat zu verlassen und hatten ausreichende Mittel, um sich in Jerusalem eine Existenz aufbauen zu können. Über Barnabas erfahren wir, dass er einen Acker besaß, den er zu Gunsten der Gemeinde verkaufen konnte, ohne in Armut zu verfallen. Auch das passt gut zum Profil eines Einwanderers.

Zusammenfassend lässt sich über Barnabas festhalten: Er war geprägt von zwei Kulturen. Seine zypriotische Herkunft vermittelte ihm die selbstverständliche Kenntnis des Griechischen und das Erbe der Diasporajuden. Seine levitische Abstammung und die aus den Namen deutlich werdende semitische Prägung machten ihn zu einem Hebräer (Apg 6,1; 2Kor 11,22; Phil 3,5). Barnabas scheint kulturell in beiden Bereichen zu Hause gewesen zu sein. Wir werden sehen, dass das für sein Wirken innerhalb des Christentums bedeutsam wurde.

2. Der Ackerverkauf

Lukas nennt als erste Tat des Barnabas in Jerusalem den Verkauf eines Ackers und die Weitergabe des Erlöses an die Apostel (4,37). Das gehört, so hält der Verfasser fest, zur üblichen Praxis der Besitzenden in der Jerusalemer Gemeinde: »Denn es war auch keiner bedürftig unter ihnen, denn so viele Besitzer von Äckern oder Häusern waren, verkauften sie und brachten den Erlös des Verkauften und legten ihn zu den Füßen der Apostel; es wurde aber jedem zugeteilt, je nachdem einer Not hatte.« (Apg 4,34 f.) – Bevor wir uns aber der lukanischen Darstellung im Einzelnen zuwenden, will ich die historischen Bedingungen des Ackerverkaufs untersuchen.

2.1 Die historischen Umstände des Ackerverkaufs

Der Besitz eines Ackers in der Nähe von Jerusalem ist für einen Einwanderer nicht ungewöhnlich. Vielleicht besaß Barnabas ein Grundstück im Gebiet von Nob/Naba, sodass sein Beiname von daher abzuleiten wäre. Dass der Acker des Barnabas auf Zypern lag, ist dagegen unwahrscheinlich. Die Verhandlungen und der Transfer des Ertrags hätten zu lange gedauert. Bei dem von ihm verkauften Grund dürfte es sich außerdem um eine größere Fläche gehandelt haben, denn die Summe muss so groß gewesen sein, dass die Stiftung des Barnabas in Erinnerung blieb.

Wir wissen, dass Barnabas wie Paulus während seiner Missionstätigkeit einem Handwerk nachging: »Haben allein ich und Barnabas kein Recht, nicht zu arbeiten?« (1Kor 9,6) Die spätere Berufstätigkeit des Barnabas lässt darauf schließen, dass der Verkauf des Ackers seine finanziellen Mittel so weit schrumpfen ließ, dass er die Reise nicht aus seinen Rücklagen finanzieren konnte. In der Apostelgeschichte wird jedoch nicht gesagt, dass Barnabas alles verkaufte. Der Umstand, dass er weiterhin in Jerusalem wohnte und erst später nach Antiochia ging (Apg 11,22), spricht auch gegen die Annahme, er hätte dem Armutsideal Jesu entsprechen wollen (Mt 10,9 f.; Lk 9,3; 10,4). Seine Berufstätigkeit (1Kor 9,6) widersprach dieser Idee ebenfalls, denn Jesus hatte seine Jünger angewiesen, sich von den Gemeinden unterstützen zu lassen (vgl. 1Kor 9,14). Der Verkauf des Ackers ist daher nicht als Akt anzusehen, der die Aufforderungen zum jesuanischen Reichtumsverzicht erfüllen sollte.

Die Stiftung des Barnabas war im Rahmen antiker Ethik nicht ungewöhnlich. Von vermögenden Personen wurde erwartet, dass sie von ihrem Besitz etwas für die Allgemeinheit zu Verfügung stellten, freilich nicht um den Preis der Verarmung. Sie konnten dafür mit Ehrungen und erhöhten Einflussmöglichkeiten rechnen. Das war auch im Judentum so, wie etwa die zahlreichen Bauten des Herodes zeigen. Nicht nur in Palästina, auch in der Diaspora spielte die Wohltäterschaft zu Gunsten von Synagogen eine wichtige Rolle. Eine große Zahl der erhaltenen Inschriften verweist auf Stiftungen, die Mitglieder, aber auch Außenstehende den jüdischen Gemeinden zukommen ließen. Aus Jerusalem ist ein entsprechendes Zeugnis erhalten, das auf einen Stifter verweist; die so genannte Theodotosinschrift (Corpus Inscriptionum Judaicarum II No. 1404). Sie stammt wahrscheinlich aus der Zeit vor 70 n. Chr. und ist für unsere Frage besonders interessant.[17]

---

17 Vgl. für Diskussionen bezüglich Datierung und Deutung der Inschrift C. CLAUSSEN, Versammlung, Gemeinde, Synagoge. Das hellenistisch-jüdische Umfeld der frühchristlichen Gemeinden, StUNT 27, Göttingen 2002, 186–191.

Abb. 4: Griechische Bauinschrift der Theodotos-Synagoge, Jerusalem (1. Jh. n. Chr.)

Theodotos, Sohn des Vettenus, Priester und
Synagogenvorsteher, Sohn eines Synagogenvorstehers,
Enkel eines Synagogenvorstehers,
erbaute die Synagoge zur Lesung
des Gesetzes und zur Lehre der Gebote, und
das Gästezimmer und die Zimmer und die
Wasserinstallation als Unterbringung für
die, die es von auswärts brauchen. Sie
wurde gegründet von seinen Vätern und den
Ältesten und Simonides.

Theodotos, der Verfasser, hielt in der Inschrift fest, dass er dieses Gemeindezentrum »erbauen« ließ. Der Bezug auf jene, die aus der Fremde sind, legt nahe, dass es sich um ein Gebäude von eingewanderten Diasporajuden für Landsleute handelte. Vielleicht ließ Theodotos das Gebäude auch nur renovieren oder umbauen, sodass es zur Beherbergung von Pilgern genutzt werden konnte. Diese konnten auf eine Unterkunft sowie die notwendigen Anlagen für rituelle Waschungen zurückgreifen. Darüber hinaus bot das Gebäude die Möglichkeit, die Tora zu lesen und über Bedeutung und Praxis der Gebote nachzudenken.

Theodotos setzte damit eine Tradition seiner Vorväter fort, die die Synagoge gegründet hatten. In der Inschrift ist die Erinnerung an diese Vorgänger wichtig. Stiftungen wie die des Theodotos geschahen nicht nur für Gebäude, sondern ebenso zur Finanzierung gemeinsamer Mahlzeiten oder Feste.

Wahrscheinlich war auch Barnabas Mitglied in einer Synagoge – möglicherweise in einer der in Apg 6,9 genannten – und mit dem Brauch vertraut, einer Gruppe etwas zu stiften. Das tat er nun für seine neue Gemeinschaft, die der Christen. Die kleine Gemeinde – die lukanischen Zahlen sind übertrieben – besaß keine Gebäude, hatte aber einige mittellose Mitglieder. Die Anhänger Jesu hatten ihre Heimat Galiläa verlassen und mit ihm als Bettler gelebt. Diese Praxis setzten sie fort, auch wenn die Wanderexistenz vorerst beendet war. Deshalb waren sie weiterhin von der Versorgung durch Vermögendere abhängig. Hinzu kamen jene Leute, die zuvor in ihren Synagogen eine gewisse Grundversorgung erhalten hatten, wie etwa die in Apg 6,1 erwähnten Witwen der Hellenisten. Es gab also viele Bedürftige in der Jerusalemer Gemeinde. Die Stiftung des Barnabas und die Gaben anderer vermögender Mitglieder waren notwendig, um sie sozial aufzufangen. Die Stifter entsprachen damit dem, was ein antiker Wohltäter für die ihm nahe stehende Gemeinschaft tat. Dass dies weiterhin notwendig war, wird durch die späteren Geldspenden aus Antiochia (Apg 11,28–30) und den paulinischen Gemeinden (Gal 2,10; 1Kor 16,1–3) deutlich.

War Barnabas also ein Wohltäter der Gemeinde, dann bleibt zu fragen, wie diese darauf reagierte. Die antike Gesellschaft war geprägt vom Grundsatz der Reziprozität, dem Wechsel von Gabe und Gegengabe. Wohltäter wurden vor allem in Inschriften oder durch

Statuen geehrt, um ihnen zu danken und andere zur Nachahmung aufzufordern.[18] Auch die Christen in Jerusalem waren diesem Paradigma verpflichtet.

Zunächst ist deutlich: Die Tat des Barnabas wurde nicht vergessen. Sie wurde vielleicht im Rahmen von Geschichten über Barnabas oder über die erste Gemeinde weitererzählt. Zudem ist es möglich, dass Barnabas dieser Tat einen besonderen Einfluss in der Jerusalemer Gemeinde verdankte. Er gehörte später zu ihren wichtigsten Personen, etwa für die Verbindung zur Gemeinde in Antiochia (Apg 11,22), vor allem aber beim Apostelkonvent (Gal 2,1–10; Apg 15). Die beiden Formen von Erwiderung – ehrende Erinnerung und größerer Einfluss – können als Dank der Gemeinde für die Gabe des Barnabas verstanden werden. Lukas führt dies unten noch weiter aus.

2.2 Die lukanische Darstellung des Ackerverkaufs

Lukas versteht den Ackerverkauf des Barnabas und die Stiftung des Erlöses als Beispiel für die vorbildliche Gütergemeinschaft der Urgemeinde. Die Christen »verkauften die Güter und Habe und verteilten sie an alle, je nachdem einer Not hatte« (2,45). Niemand war bedürftig, weil die Besitzenden ihre Habe veräußerten und den Erlös den Aposteln gaben (4,34 f.).

Dem positiven Beispiel des Barnabas stellt Lukas das negative von Hananias und Saphira gegenüber (Apg 5,1–11), die falsche Angaben über den tatsächlichen Erlös ihres Ackerverkaufs machen. Im Zusammenhang dieser Geschichte wird deutlich, dass es nach der Einschätzung des Lukas in der Gemeinde keine Verpflichtung war, überhaupt etwas zu geben.

---

18 Vgl. dazu ausführlicher ÖHLER, Barnabas 106–110.

Abb. 5: Ananias und Saphira, Matthäus Merian (1630)

Petrus fragt den angeklagten Hananias: »Blieb es nicht dein, als es unverkauft blieb, und war es nicht, als es verkauft war, in deiner Verfügung?« (Apg 5,4)

Niemand musste also in der Urgemeinde Geld stiften. Das hebt freilich die Großzügigkeit jener, die es reinen Gewissens taten, besonders hervor. Lukas möchte mit seiner Darstellung die Leser und Leserinnen in seiner Gemeinde auffordern, es Barnabas gleich zu tun und sich ebenso freigebig zu verhalten.

Lukas deutet ein Weiteres damit an. Wer sich wie der levitische Zypriot Josef derart großzügig zeigt, kann damit rechnen, eine Ehrenstellung innerhalb der Gemeinde zu erhalten. Wahrscheinlich übersetzt Lukas den Namen Barnabas deswegen mit »Sohn des Trostes«, weil er den Trost als materielle Hilfe versteht. Dieser Sinn wird auch im Weheruf Jesu über die Reichen deutlich: »Wehe euch Reichen! Ihr habt euren Trost schon gehabt.« (Lk 6,24)

Josef erhielt seinen Ehrennamen also nach Lukas als Antwort auf die Hilfe, die er der Gemeinde gewährte.[19] Daraus ergibt sich, dass Barnabas auch später für die Gemeinde von großer Bedeutung war und Einfluss auf sie nahm. So lässt Lukas Barnabas etwa dafür sorgen, dass Paulus überhaupt in der Jerusalemer Gemeinde anerkannt wird (Apg 9,26 f.).

3. Barnabas und die beiden Gruppen der Jerusalemer Gemeinde

Wir haben bisher erfahren, dass Barnabas innerhalb der Gemeinde als Wohltäter auftrat und daher wahrscheinlich einen gewissen Einfluss hatte. Aus einer zweiten Quelle wird aber deutlich, dass die Stellung des Barnabas nicht nur die eines Geldspenders, sondern auch die eines Vermittlers war.

Die Jerusalemer Gemeinde besteht nach Apg 6 aus zwei Gruppen, den Hebräern und Hellenisten, also aus hebräisch bzw. griechisch sprechenden Judenchristen. »In diesen Tagen aber, als die Zahl der Jünger zunahm, entstand ein Murren der Hellenisten gegen die Hebräer, weil ihre Witwen beim täglichen Dienst übersehen wurden.« (Apg 6,1)

Dieses Problem bei der Witwenversorgung wird durch die Wahl von sieben Männern gelöst, die den Aposteln die Verteilung der Lebensmittel abnehmen (6,2–6).[20] Zu diesen ersten Diakonen gehören Stephanus, der erste Märtyrer (Apg 7), und Philippus, der später in Samarien das Evangelium verkündigt (Apg 8).

19 Zur Frage, ob man dies mit einem soziologischen Modell beschreiben kann, vgl. ÖHLER, Barnabas 133–137.

20 Zu den Ursachen dieser sozialen Probleme vgl. ÖHLER, Barnabas 133–137.

Für die Frage nach der Stellung des Barnabas in der Gemeinde ist wichtig, dass er auf Grund seiner Herkunft beiden Lagern angehörte. Er lebte als einer, der sich seiner levitischen Herkunft bewusst war und einen klassischen hebräischen Namen sowie einen aramäischen Beinamen trug, unter den hebräisch bzw. aramäisch sprechenden Christen. Zu dieser Gruppe gehörten auch die Jünger Jesu um Petrus, Jesu Mutter und seine Brüder. Diese Hebräer stellten die Führungsspitze der Jerusalemer Gemeinde. Auf der anderen Seite war Barnabas mit den Hellenisten verbunden. Er gehörte zu einer Familie von Diasporajuden und besaß – wie seine spätere Karriere in der Mission zeigt – gute Kenntnisse des Griechischen. Als *Graecopalästiner* war Barnabas Teil beider Gruppen, wie etwa auch Silas/Silvanus (Apg 15; 1Thess 1,1) oder Josef Barsabbas Justus (Apg 1,23).

Die Unterschiede zwischen den beiden Gruppen waren in erster Linie – wie ihre Benennung als »Hebräer« und »Hellenisten« zeigt – sprachlicher Natur. Damit verbanden sich jedoch auch gewichtige kulturelle Differenzen. So ist nicht einmal sicher, dass sie gemeinsame Gottesdienste und Mahlzeiten feierten, obwohl Lukas davon ausgeht. Aus dieser Differenz sind auch die ersten theologischen Unterschiede im beginnenden Christentum zu erklären. Es fällt nämlich auf, dass sich die erste Verfolgung der Christen – abgesehen vom Vorgehen des Hohen Rates gegen einige Apostel – auf die hellenistischen Judenchristen bezog. In Apg 8,1 und 11,19 f. betont Lukas, dass die Apostel (die Hebräer) verschont blieben.[21] Möglicherweise

21 Die Verfolgung ging möglicherweise auch von den in Jerusalem anwesenden hellenistischen Diasporajuden aus; vgl. etwa Apg 9,29: Der eben zu Christus bekehrte Paulus wird von dieser Gruppe mit dem Tod bedroht.

entwickelten die Hellenisten eine Theologie, die gegenüber wichtigen Elementen jüdischer Identität eine kritische Stellung einnahm. Stephanus nimmt z. B. eine skeptische Position zum Tempel ein: »Der Höchste wohnt nicht in Wohnungen, die mit Händen gemacht sind.«[22] (Apg 7,48)

Eine weitere Differenz bestand in der Frage, wie scharf eine Abgrenzung gegenüber den Heiden notwendig war. Die nach Antiochia geflüchteten hellenistischen Judenchristen nahmen dort auch Nicht–Juden in die Gemeinde auf: »Es waren aber unter ihnen einige Männer aus Zypern und Zyrene, die, als sie nach Antiochia kamen, auch zu den Griechen redeten, indem sie das Evangelium von dem Herrn Jesus verkündigten.« (Apg 11,20)

Auch eine unterschiedliche Bewertung der Tora, sowohl hinsichtlich ihrer Bedeutung für die Teilhabe an der Gottesherrschaft als auch hinsichtlich der Ethik, ist denkbar. Über Stephanus soll als Anklage vorgebracht worden sein: »Wir haben ihn Lästerworte reden hören gegen Mose und Gott.«[23] (Apg 6,11)

4. Barnabas, der Apostel

Die Stellung des Barnabas in der Jerusalemer Gemeinde, so weit ich sie bis jetzt rekonstruiert habe,

---

22 Vgl. auch das Tempelwort Jesu (Mk 13,1 f. par; 14,58 par) und die Ausführungen von G. THEISSEN, Die Tempelweissagung Jesu. Prophetie im Spannungsfeld von Stadt und Land, in: Studien zur Soziologie des Urchristentums, WUNT 19, Tübingen [3]1989, 142–159.

23 Die Verurteilung Jesu zum Tod durch den Hohen Rat war ja auf Basis der Tora geschehen, sodass deren Gültigkeit auf Grund der Auferstehung in Frage gestellt werden konnte. Vgl. dazu etwa U. SCHNELLE, Paulus. Leben und Denken, Berlin/New York 2003, 74 f.

war die eines Wohltäters und Vermittlers zwischen den kulturell bedingten Gruppen.

Aus einer anderen Quelle wird noch ein Drittes deutlich. Barnabas gehörte zum Kreis der Apostel. An dieser Stelle ist eine wichtige Differenzierung einzuführen.[24]

4.1 Das Apostolatsverständnis des Lukas

Im frühen Christentum gab es zumindest zwei Ansichten, was einen Apostel ausmacht. Im Lukasevangelium und in der Apostelgeschichte begegnen nur die Zwölf als Apostel. Bereits in der Jüngerliste wird über Jesus berichtet: »Er rief seine Jünger herbei und erwählte aus ihnen zwölf, die er auch Apostel nannte.« (Lk 6,13)

Die Zwölfzahl ist so wichtig, dass nach dem Verrat und Tod des Judas Iskariot (1,18) eine Nachwahl zur Vervollständigung notwendig wird. Dabei gilt die Einschränkung, dass nur in Frage kommt, wer Jesus während seines irdischen Wirkens begleitete (1,22 f.). Schließlich wird nach Losentscheid Matthias der zwölfte Apostel (1,26). Das Verständnis des Apostolats bei Lukas, das vielleicht aus der Jerusalemer Gemeinde kommt, ist davon geprägt, dass nur zwölf Jünger Jesu auch Apostel sein können.[25]

---

24 Vgl. zum Folgenden J. ROLOFF, Art. Apostel/Apostolat/ Apostolizität I. Neues Testament, TRE 3, Berlin/New York 1978, 433–440.

25 Es gibt zwei Ausnahmen, an denen sich ein völlig anderes Verständnis bei Lukas zeigt. In Apg 14,4.14 bezeichnet der Vf. gegen seinen sonstigen Sprachgebrauch Barnabas und Paulus als Apostel. Das hat er vermutlich – in Anlehnung an eine schriftliche Quelle? – getan, weil er Apostel hier als Gesandte einer Gemeinde – bei Barnabas und Paulus: der Antiochener – verstand (vgl. auch 2Kor 8,23; Phil 2,25). Im Zusammenhang mit Jerusalem ist Paulus allerdings kein Apostel!

4.2 Das paulinische Apostolatsverständnis

Paulus bezeichnete sich selbst als Apostel Jesu Christi (Röm 1,1.5; 11,13; 1Kor 1,1; 9,1 f.; 15,9; 2Kor 1,1; Gal 1,1; Kol 1,1), obwohl er kein Jünger Jesu war. Bei ihm begegnen wir einem anderen Apostolatsverständnis. In seiner vollen Ausprägung finden wir es in 1Kor 15,5–9, wo sich Paulus im Zusammenhang der Auferstehungszeugen zu den Aposteln zählt. Dem Auferstandenen selbst begegnet zu sein wird als ein wichtiges Element des Apostolats festgehalten. An anderer Stelle wird dies noch deutlicher: »Bin ich nicht frei? Bin ich nicht Apostel? Habe ich nicht Jesus, unseren Herrn, gesehen? Seid nicht ihr mein Werk im Herrn?« (1Kor 9,1)

Zum Apostolat nach paulinischem Verständnis gehört also unter anderem eine Vision des Auferstandenen. Doch »Apostel« bedeutet auch »Gesandter«, sodass zur Vision auch die Sendung gehört. Im Galaterbrief betont Paulus, dass er von Christus und Gott zum Apostel eingesetzt wurde (1,1). Seine Botschaft ist nicht von menschlicher Natur, sondern geht auf eine Offenbarung Jesu Christi zurück, die Paulus bei seiner Bekehrung erlebt hat (1,11 f.). Mit ihr wird Paulus zum Apostel der Heiden eingesetzt (1,15 f.; vgl. 2,7). Das paulinische Apostolatsverständnis setzt also zwei Bedingungen voraus: Als Apostel kann auftreten, wem sich der Auferstandene offenbart und einen Auftrag zur Verkündigung des Evangeliums gegeben hat.[26]

---

26 In 1Kor 15,6 erwähnt Paulus 500 Brüder, denen Jesus nach der Auferstehung erschienen war. Diese galten aber offenbar nicht als Apostel, die erst in 15,7 genannt werden. Der Verkündigungsauftrag gehörte also nach paulinischer Sicht konstitutiv zum Apostolat. Die Begegnung mit dem Auferstandenen reichte nicht aus.

Auf diesem Hintergrund wollen wir nun den ersten Korintherbrief näher betrachten. Paulus schreibt im Zusammenhang einer Verteidigung seines Anspruchs auf Unterhalt, wie er Aposteln eigentlich gebührt: »Haben wir etwa kein Recht, zu essen und zu trinken? Haben wir etwa kein Recht, eine Schwester als Frau mitzunehmen wie die übrigen Apostel und die Brüder des Herrn und Kefas? Oder haben allein ich und Barnabas kein Recht, nicht zu arbeiten?« (1Kor 9,4–6) Paulus stellt hier sich selbst und Barnabas auf eine Stufe mit den Aposteln. Er und Barnabas haben den selben Rang wie Petrus, und zwar nicht nur hinsichtlich ihres apostolischen Anspruchs auf Versorgung durch die Gemeinden.

Wenn Paulus dasselbe Apostolatsverständnis wie in Vers 1 voraussetzt und Barnabas in den Kreis der Apostel integriert, lässt sich daraus der Schluss ziehen, dass auch für Barnabas dieselben Kriterien des Apostolats gelten, wie sie Paulus für sich formuliert: *Barnabas hat den Auferstandenen gesehen und wurde von ihm mit der Verkündigung beauftragt.*[27]

Der Levit zypriotischer Herkunft war also nicht nur Wohltäter und Teil beider Kulturen innerhalb der Urgemeinde, sondern auch Auferstehungszeuge und Beauftragter zur Verkündigung.

Wenn das lukanische Verständnis sich auf die Jerusalemer Sicht zurückführt, trug Barnabas in Jerusalem wahrscheinlich nicht den Titel eines Apostels. Für seine Bedeutung in der Gemeinde sind diese nachösterlichen Erlebnisse trotzdem nicht zu unterschät-

27 So etwa auch H. MERKLEIN, Der erste Brief an die Korinther, Bd. 2, ÖTK 7,2, Gütersloh/Würzburg 2000, 219; anders etwa HENGEL/SCHWEMER, Paulus 321. Vgl. auch ÖHLER, Barnabas 10–15.

Abb. 6: Predicazioni di Barnaba e Paolo, Paris, Nationalbibliothek, ms. lat. 17294, f. 465r.

zen. Dass Barnabas auch ein Jünger Jesu war, wie altkirchliche Zeugnisse behaupten,[28] ist möglich, aber nicht nachzuweisen.

28 Clemens von Alexandrien, Hypotyposen (bei Euseb, Kirchengeschichte 1,12,1) und Alexander Monachus, Laudatio 192–253. Barnabas war demnach einer der 70 Jünger (Lk 10,1.17); siehe dazu ausführlicher unten.

5. Rückblick

Bisher wurde deutlich, dass Barnabas auf Grund seiner Herkunft in zwei Kulturen beheimatet war, der hebräischen und der griechischen. Als solcher war er auch Teil beider Gruppen der Urgemeinde. Dort hatte er schon von Anfang an eine wichtige Stellung: Er hatte den Auferstandenen gesehen und war von ihm beauftragt worden, das Evangelium zu verkündigen. Als vermögende Person konnte er der Gemeinde den Ertrag eines Ackerverkaufs stiften. Seine weitere Tätigkeit im Rahmen des frühen Christentums war damit vorgezeichnet. Er wurde zum Vermittler zwischen Juden- und Heidenchristentum, zwischen Jerusalem und Antiochia; außerdem zu einer wichtigen Person im Blick auf die Versorgung der Jerusalemer Gemeinde.

6. Die erste Phase der Zusammenarbeit von Barnabas und Paulus

6.1 Ein Zusammentreffen in Jerusalem?

In Apg 9 berichtet Lukas von der Bekehrung des Paulus auf der Reise nach Damaskus. Aus dem Verfolger wird ein Verkünder des Evangeliums, der in Damaskus getauft wird und schließlich von dort flüchten muss (Apg 9,20–25; 2Kor 11,32 f.). Von Syrien aus geht Paulus nach Jerusalem und will sich der Gemeinde anschließen. Die Jerusalemer Christen kennen Paulus aber nur als Verfolger, sodass sich, wie Lukas festhält, »alle vor ihm fürchteten, da sie nicht glaubten, dass er ein Jünger sei« (9,26).

In dieser Situation ist es Barnabas, der die Situation rettet. Er nimmt Paulus auf und bringt ihn zu den

Aposteln (9,27). Barnabas erzählt, dass Paulus den Herrn gesehen und dieser mit ihm geredet habe. Auch von der furchtlosen Verkündigung des Paulus berichtet er den Aposteln, die daraufhin den einstigen Verfolger in die Gemeinde aufnehmen. Paulus beginnt mit der Predigt des Evangeliums in Jerusalem. Diese muss er auf Grund der Anfeindungen hellenistischer Juden jedoch abbrechen (9,28f.). Sein erster Aufenthalt in Jerusalem als Christ endet mit der Flucht nach Tarsus, seiner Heimatstadt (9,29).

Die Geschichte, die Lukas hier erzählt, passt sehr gut in die historische Situation. Dass Paulus ein Verfolger der Gemeinde war, wissen wir auch aus seinen Briefen (Gal 1,13; Phil 3,6), sodass die Furcht der Jerusalemer Christen vor ihm plausibel ist. Auch die Vermittlungstätigkeit des Barnabas ist zu verstehen: Er besitzt einen guten Ruf bei den Aposteln. Von einer früheren Bekanntschaft des Barnabas mit Paulus berichtet Lukas nichts. Auch warum Barnabas von der Bekehrung des Paulus weiß, die Apostel aber nicht, bleibt offen. Wichtig ist für Lukas, dass Barnabas für den ehemaligen Verfolger erfolgreich eintreten kann. So stellt Lukas eine Verbindung zwischen den Aposteln und Paulus her, die für sein Konzept wichtig ist, denn der Zusammenhalt des Christentums definiert sich bei ihm über die Übereinstimmung mit der Jerusalemer Gemeinde. Das zeigt auch der in Apg 15 berichtete Apostelkonvent.

Der Geschichte Apg 9,26–30 widerspricht allerdings die paulinische Selbstdarstellung in Gal 1. Paulus berichtet dort von seiner Bekehrung: Gott »gefiel es, mir seinen Sohn zu offenbaren.« (Gal 1,16) Er hält anschließend ausdrücklich fest, *nicht* nach Jerusalem gegangen zu sein (Vers 17). Vielmehr sei er nach Arabien, in das Gebiet der Nabatäer gereist und habe dort etwa zwei Jahre verbracht.[29] Erst dann sei er nach Jerusalem gegangen. Dies ist für Paulus eine wichtige Angelegenheit, sodass er hier unser größtes Vertrauen verdient. Immerhin geht es für ihn darum, sein Evangelium nicht von Menschen empfangen zu haben. Paulus versteht sich als von Gott eingesetzter Apostel. Er hat keine Autorisierung seiner Verkündigungstätigkeit durch die Jerusalemer Apostel nötig. Wenn er bezüglich seiner Beziehungen zu Jerusalem gelogen hätte, wäre seine ganze Selbstpräsentation gefährdet gewesen.

Die lukanische Version muss hier also korrigiert werden, wenn auch zunächst nur hinsichtlich der Zeit. Paulus war zwei Jahre bei den Nabatäern unterwegs, bevor er nach Jerusalem ging. Aber auch hinsichtlich der Begegnungen bei diesem ersten Jerusalembesuch differiert die paulinische Darstellung, die wir vorzuziehen haben, von der lukanischen. Paulus schreibt darüber: »Darauf, nach drei Jahren, ging ich nach Jerusalem hinauf, um Kefas kennenzulernen, und blieb 14 Tage bei ihm. Keinen anderen Apostel sah ich außer Jakobus, den Bruder des Herrn.« (1,18 f.)

Paulus will festhalten, dass er nur zwei Personen getroffen hat, und zwar Petrus (hier: Kefas) und Jakobus, den Bruder Jesu. Diese beiden waren die führenden Personen der Gemeinde, wobei Petrus offenbar der Vorrang zukam. Jakobus wird auf Grund der Verwandtschaft mit Jesus für Paulus interessant gewesen sein. Aber egal, was Paulus von den beiden wollte, für unsere Frage ist wichtiger, dass er keinen anderen

29 Im Text ist von drei Jahren die Rede. Die Angaben in der Antike bezogen aber auch die nicht vollen Jahre ein. Gemeinhin nimmt man daher zwei Jahre an, es könnten aber auch nur wenig mehr als eines oder tatsächlich drei volle Jahre gewesen sein. Aus diesen Unsicherheiten ergeben sich zum Teil die Probleme einer chronologischen Rekonstruktion der paulinischen Tätigkeit.

Apostel traf. Da Barnabas für Paulus ebenfalls als Apostel gilt (1Kor 9,6), ist somit eine Begegnung zwischen den beiden in Jerusalem ausgeschlossen.

Die lukanische Version von der Einführung des Paulus durch Barnabas entpuppt sich damit als eine Geschichte, die die Bedeutung des Barnabas hebt, aber doch nicht auf historischer Grundlage beruht. Wahrscheinlich befand sich Barnabas zur Zeit des ersten Jerusalembesuchs des Paulus – nach unserer Chronologie im Jahr 33 oder 34 – zwar tatsächlich in der Stadt, zu einer Begegnung der beiden kam es aber nicht. Wann und wo fand diese dann statt?

6.2 Die Zusammenarbeit in Antiochia

Ist gegen Apg 9,27 nicht davon auszugehen, dass sich Barnabas und Paulus in Jerusalem trafen, hat eine gemeinsame Tätigkeit der beiden in Antiochia (Apg11,25f.; 13,1) mit einiger Sicherheit stattgefunden. Bevor wir uns aber diesem Thema zuwenden können, müssen wir uns zunächst mit der Frage befassen, wie Barnabas eigentlich nach Antiochia kam.

6.2.1 Die Reise des Barnabas nach Antiochia

Aus unseren Überlegungen zur Stellung des Barnabas innerhalb der Jerusalemer Gemeinde hat sich ergeben, dass Barnabas nicht nur auf Grund seiner Geldspende, sondern auch wegen seiner Beauftragung zur Verkündigung des Evangeliums durch den Auferstandenen ein gewisses Ansehen genoss. Wir wissen nichts darüber, ob bzw. wie Barnabas seinen Missionsauftrag in Jerusalem und Judäa erfüllte. Vermutlich nicht anders als Petrus, der nicht nur in Jerusalem, sondern auch in Cäsarea Menschen für das Evangelium gewinnen konnte (Apg 10).

Für die Frage, wie Barnabas nach Antiochia kam, gibt es mehrere Antwortmöglichkeiten. Lukas erzählt eine Geschichte, nach der in Antiochia nach der Flucht der hellenistischen Judenchristen (Apg 11,19) eine blühende Gemeinde entstanden wäre, die nicht nur aus Judenchristen, sondern auch aus Heidenchristen bestand (11,20 f.). Berichte über diese Gemeinde wären nach Jerusalem gedrungen, worauf die Jerusalemer Christen Barnabas nach Antiochia gesandt hätten. Dieser sei nach Syrien gereist, hätte die Gnade Gottes gesehen und wäre dann in Antiochia geblieben. Dort hätte er eine erfolgreiche Arbeit in der Gemeinde begonnen (11,24).

Barnabas ist nach dieser Erzählung ein *Gesandter der Jerusalemer Gemeinde*. Das demonstriert wiederum die besondere Stellung Jerusalems in der Darstellung des Lukas. Ähnliches berichtete er über die Mission in Samarien (Apg 8). Als die Nachricht von den Erfolgen des Philippus nach Jerusalem dringt, entsenden die Apostel Petrus und Johannes. Diese vermitteln den getauften Samaritern den Heiligen Geist.[30] In der Sendung des Barnabas nach Antiochia wiederholt sich also grundsätzlich, was zuvor über Petrus und Johannes berichtet wird. Der Unterschied besteht vor allem darin, dass Barnabas in Antiochia bleibt, während Petrus und Johannes nach ihrem Aufenthalt in Samarien wieder nach Jerusalem zurückkehren. Dieser Umstand stellt aber die Sendung an sich in Frage: Wenn er ein Gesandter Jerusalems ist, erscheint es seltsam, dass aus der Visitation ein dauernder Aufenthalt und Barnabas sogar eine führende Person der antiochenischen Gemeinde wird. Wie Lukas im Falle des Petrus und Johannes deutlich macht, aber auch später im

30 Zu dieser Geschichte und zum Zusammenhang von Taufe und Geistverleihung vgl. F. AVEMARIE, Die Tauferzählungen der Apostelgeschichte. Theologie und Geschichte, WUNT 139, Tübingen 2002, 167–174.

Fall des Apostelkonvents, kehren Gesandte wieder in ihre Heimat zurück, um zu berichten (Apg 15,22.25.32f.). Die Vorstellung des Lukas bzw. seiner Quelle ist die, dass die Jerusalemer Gemeinde nicht nur am Beginn des antiochenischen Christentums, sondern weit darüber hinaus die Dinge in der Hand hielt.

Wenn eine offizielle Sendung zweifelhaft ist, was könnte dann der Grund für die Übersiedlung des Barnabas gewesen sein? In Apg 11,19 f. berichtet Lukas, dass nach dem Mord an Stephanus eine Anzahl von Christen, die aus der Diaspora stammen, in die Gebiete von Phönizien, Zypern und Antiochia fliehen. In diesem Zusammenhang hebt er Leute aus Zypern und Zyrene hervor, die in Antiochia das Evangelium auch an Heiden verkünden.

Es liegt nahe, dass Barnabas *einer dieser ersten Heidenmissionare* war. Er stammte aus Zypern und gehörte zur Zeit der Steinigung des Stephanus zur Gemeinde.[31] Vielleicht war er unter den Gründern der antiochenischen Gemeinde, was seine Führungsposition (Apg 13,1) verständlich machen würde. Allerdings ist fraglich, warum eine solche Überlieferung nicht bis zu Lukas vorgedrungen sein sollte, denn dieser setzt voraus, dass Barnabas eben nicht aus Jerusalem fliehen musste. Und während er bei Samarien Philippus als Missionar beibehalten hätte, hätte er Barnabas für Antiochia durch anonyme Zyprioten und Zilizier ersetzt? Das wäre schwer verständlich, zumal sich noch eine dritte Möglichkeit anbietet, die Reise des Barnabas zu erklären.

Nach der Verfolgung des Stephanus und der Flucht der Hellenisten kam es nicht nur in Antiochia, sondern

31 So etwa E. HAENCHEN, Die Apostelgeschichte, KEK 3, Göttingen $^{16(7)}$1977, 357; W. SCHRAGE, Der erste Brief an die Korinther, Bd. 2, EKK 7,2, Zürich u. a. 1995, 295.

auch in Palästina zur Heidenmission. Allerdings vollzog sich der Prozess, wie er in Apg 8,26–40 (Bekehrung des äthiopischen Kämmerers) und 10,1–48 (Petrus und Kornelius) dargestellt wird, anders als in der syrischen Hauptstadt: Taufe und Geistbegabung von Heiden geschieht bei diesen Gelegenheiten als Ausnahme. Im Falle des Kornelius geht der Wunsch danach von ihm selbst aus und wird erst nach der Überwindung von Widerständen des Petrus verwirklicht.

Die Aufnahme von Nichtjuden setzte im Bereich der Jerusalemer Gemeinde ein, ohne dass daraus eine planmäßige Verkündigung an die in Palästina lebenden Heiden geworden wäre. In Jerusalem war das aus zwei Gründen schwierig. Zum einen waren die innergemeindlichen Widerstände weiterhin groß, wie bei der Gelegenheit des Apostelkonvents deutlich wird. Paulus nennt in Gal 2,4 im Zusammenhang des Berichts über dieses Gipfeltreffen »falsche Brüder«, welche die Heiden dazu zwingen wollen, sich beschneiden zu lassen. Alle Christen – Juden wie Heiden – sollen sich nach ihrer Ansicht der Tora unterwerfen. Zum anderen stieß eine Anwerbung von Heiden für die christliche Gemeinde in der jüdischen Gesellschaft Jerusalems auf Anfeindung. Vielleicht führte das zur Steinigung des Stephanus.

Wenn wir davon ausgehen, dass Barnabas eine Beauftragung zur Verkündigung durch den Auferstandenen erhalten hatte, so ist folgende Motivation für seine Reise denkbar: Mit der Erfahrung, dass auch Heiden aufgenommen werden konnten, und den Nachrichten aus Antiochia, dass dort die Aufnahme von Heiden problemlos gehandhabt wurde, konnte in ihm die Überzeugung gewachsen sein, *in der antiochenischen Gemeinde seinem Verkündigungsauftrag nachzukommen.*

Zeitlich lässt sich der Wechsel von Jerusalem nach Antiochia nicht genau bestimmen. Wenn Stephanus im Jahr 31 oder 32 ermordet wurde, Barnabas aber nicht zu den Verfolgten gehörte, dann sind wohl noch mindestens zwei Jahre vergangen, bis er sich auf den Weg machte.

6.2.2 Die Stellung des Barnabas in der Gemeinde von Antiochia

In Antiochia scheint Barnabas irgendwann die Leitung der Gemeinde übernommen zu haben. Deutlich wird diese Führungsposition aus der lobenden Beschreibung des Lukas: »Er war ein guter Mann und voll des Heiligen Geistes.« (Apg 11,24)

Noch aufschlussreicher ist eine Liste von Gemeindemitarbeitern in Apg 13,1. Aufgezählt werden dort an erster Stelle Barnabas, dann Simeon, genannt Niger, Luzius von Zyrene, Manaën, ein enger Freund von Herodes Antipas, und schließlich Paulus.[32] Bevor wir uns mit der Frage beschäftigen, wie Saulus/Paulus in die antiochenische Gemeinde und damit in diese Liste kam, sind dem Text einige Informationen über Barnabas zu entnehmen. Dieser Text ist mit einiger Gewissheit von Lukas aus antiochenischer Tradition übernommen worden; es heißt dort: »Es waren aber in Antiochia, in der dortigen Gemeinde, Propheten und Lehrer.« (Apg 13,1) Beide Funktionen gehörten zu den wichtigsten Aufgaben einer Gemeinde und werden in 1Kor 12,28 f. gemeinsam mit Aposteln genannt. Sie galten wie etliche andere Dienste als Geistesgaben (1Kor 12,4–31).

---

32 Einige Exegeten nehmen übrigens an, Lukas habe aus dieser Liste die in Apg 4,36 erwähnten Informationen über Barnabas entnommen; vgl. etwa J. ROLOFF, Die Apostelgeschichte, NTD 5, Göttingen [2]1988, 93.

Abb. 7: Der heilige Barnabas heilt die Kranken, Paolo Caliari, genannt Veronese (um 1560), Musée des Beaux-Arts, Rouen

Prophetie war im frühen Christentum ein verbreitetes Phänomen (Apg 11,27; 15,32; 21,9) und bedeutete nicht nur die Voraussage kommender Dinge, sondern auch die vom Geist geleitete Deutung der Gegenwart. Manche Propheten wanderten von Gemeinde zu Gemeinde (Apg 11,27 f.; 21,10; Did 11), andere blieben an einem Ort. Dies galt auch für die Lehrer, die für die Auslegung der Schrift, die Weitergabe der Jesustradition und die Anleitung des Gemeindelebens verantwortlich waren. Beides, Prophetie und Lehre, war Aufgabe des antiochenischen Fünfer-Kollegiums.

Barnabas wird in dieser Aufzählung an erster Stelle genannt, was auf seine besondere Bedeutung in der Gemeinde verweist. Ähnlich wird Petrus in allen Jüngerlisten an erster Stelle geführt (Mt 10,2; Mk 3,16; Lk 6,14; Apg 1,13). Die Stellung des Barnabas in dieser Aufzählung ist vor allem im Vergleich zu Paulus auffällig.

Wie kam Barnabas zu dieser Leitungsfunktion in Antiochia, wenn er nicht zu den Gründern der Gemeinde gehörte? Möglicherweise spielten dabei seine Herkunft, Berufung zur Verkündigung sowie Verwurzelung in der Jerusalemer Gemeinde eine Rolle. Barnabas traf in Antiochia zudem Personen wieder, die er aus Judäa kannte und die damals geflüchtet waren. Aus der weiteren Geschichte des Barnabas, vor allem aus seinen Erfolgen bei der Verkündigung (Apg 13 f.) wird deutlich, dass er eine Führungspersönlichkeit war, die Eindruck machte.

Es ist nicht gesagt, dass Barnabas diese Führungsposition so rasch einnahm, wie Lukas suggeriert. Immerhin war er bis zum Apostelkonvent 13–14 Jahre in Antiochia tätig. Für die Kollektensendung nach Jerusalem (Apg 11,27–30; 12,25) und das Treffen der Apostel zur Klärung der Missionsverantwortlichkeit (Gal 2,1–10; Apg 15) dürfen wir aber davon ausgehen, dass Barnabas an der Spitze des Fünferkollegiums stand.

6.2.3 Das besondere Profil der antiochenischen Gemeinde

Die aus Jerusalem vertriebenen Christen verkündigten das Evangelium nicht nur an Juden, sondern auch an griechisch sprechende Heiden (Apg 11,19 f.). Dies führte nicht nur zu einer »gemischten« Gemeinde, sondern auch dazu, dass das Gemeindeleben anders geordnet und eine neue Verhältnisbestimmung zur jüdischen Tradition vorgenommen wurde.

Viele der Heiden waren, bevor sie sich taufen und in die christliche Gemeinde aufnehmen ließen, so genannte »Gottesfürchtige«. Das waren Menschen, die sich für das Judentum interessierten, den Übertritt aber nicht wagten oder auch nicht wollten. Sie waren eine wichtige Zielgruppe der christlichen Predigt. Gottesfürchtige waren mit wichtigen theologischen Grundlagen bereits vertraut (Monotheismus, Sündenbewusstsein, Gerichtserwartung, ethische Haltungen) und stimmten ihnen möglicherweise zu. Die christliche Verkündigung ging darauf ein, enthielt aber eine wesentliche Neuerung. Sie forderte weder die Beschneidung noch die im gesellschaftlichen Umfeld schwierige Befolgung der Tora, sondern allein den Glauben an Jesus als den Christus. Die Mahlgemeinschaft war uneingeschränkt. Hinzu kamen die Erfahrung des Heiligen Geistes und die eschatologische Naherwartung, die die Christen prägten. Die attraktiven Elemente des Judentums wie hohe Moralansprüche oder der Monotheismus blieben erhalten.

So entstand in Antiochia eine Gemeinde aus christusgläubigen Juden und Heiden, in der die Tora nicht mehr die heilsbedingende Grundlage war. Damit war etwa auch die Gemeinschaft beim Essen möglich.[33]

33 Auch innerhalb des Christentums wurde das nicht überall akzeptiert, wie wir später im Zusammenhang von Gal 2,11–14 sehen werden.

Mit diesen Entwicklungen war wahrscheinlich auch die Trennung von der Synagogengemeinschaft verbunden. Die jüdischen Christen hielten sich nicht mehr an die Identitätsbestimmungen, die durch die Tora vorgegeben waren, und hatten enge Gemeinschaft mit Heiden. Sie verkündeten einen Messias, der von den jüdischen Autoritäten verurteilt worden war. Die Juden Antiochias reagierten darauf wohl zum Großteil mit Ablehnung, wahrscheinlich bis zum Ausschluss aus der Synagoge. Die Christen wurden zu einer neuen Gemeinschaft, die daher in Antiochia auch zum ersten Mal als solche bezeichnet wurde: Christianoi, die »Christianer«. Da dies eine an das Lateinische angelehnte Titulierung ist, die sich im Neuen Testament nur dreimal findet (Apg 11,26; 26,28; 1Petr 4,16), ist es wahrscheinlich, dass sie von den Behörden vergeben wurde, um diese neue Gruppe von der jüdischen Synagoge unterscheiden zu können.

Die Gemeinde des Barnabas hatte ein Profil, das sich durch die von dort ausgehende Heidenmission über das ganze Imperium ausbreiten sollte.

6.2.4 Barnabas und Paulus in der antiochenischen Gemeinde

In Apg 9,30 schreibt Lukas, dass Paulus vor den hellenistischen Juden in Jerusalem flieht, von Christen nach Cäsarea gebracht wird und von dort aus nach Tarsus reist. Tarsus, die Hauptstadt Ziliziens und Heimatstadt des Paulus (22,3), ca. 150 km von Antiochia entfernt, wird zu seinem Zufluchtsort. Das wird durch Gal 1,21 bestätigt. Nach seinem Aufenthalt in Jerusalem, bei dem er Petrus und Jakobus traf, hält sich Paulus unter anderem in Zilizien auf. Lukas schreibt später: »Barnabas aber zog aus nach Tarsus, um Paulus auszuforschen, und als er ihn gefunden hatte, brachte er ihn nach Antiochia. Es geschah aber, dass sie ein Jahr lang in der Gemeinde zusammenkamen und eine zahlreiche Menge lehrten.« (11,25 f.)

Der Verfasser der Apostelgeschichte gibt damit seinen Eindruck wieder, wie es zur Zusammenarbeit kam. Barnabas wirbt Paulus für die Tätigkeit in Antiochia an. Immerhin hat er sich schon in Jerusalem für Paulus eingesetzt (Apg 9,27), was allerdings, wie wir gesehen haben, historisch nicht zutrifft. Das ist auch das Problem an der Geschichte von der Akquirierung des Paulus durch Barnabas: Woher sollten sich die beiden kennen? Beim ersten Jerusalembesuch des Paulus hatten sie sich nicht gesehen (vgl. Gal 1,18 f.), und eine Bekanntschaft vor der Bekehrung des Paulus, etwa durch die Synagoge der Zilizier (Apg 6,9), ist reine Spekulation.

Wenn es auch nicht nachzuweisen ist, dass Barnabas Paulus tatsächlich geholt hat, ist es jedoch wahrscheinlich, dass Barnabas zur Zeit, als Paulus nach Antiochia kam, bereits eine führende Person der Gemeinde war. Paulus konnte dort nicht gegen den Willen des Leiters Fuß fassen.[34] Die Notwendigkeit der Unterordnung des Paulus wird vor allem durch die oben erwähnte Liste deutlich (13,1): Barnabas steht an erster, Paulus an letzter Stelle. Auch die spätere Missionsreise lässt den Vorrang des Barnabas noch durchscheinen. Es war also Barnabas, der in der gemeinsamen Periode in Antiochia die führende Rolle spielte.[35]

---

34 J. BECKER, Paulus. Der Apostel der Völker, Tübingen ²1992, 89.

35 Dies wird zusätzlich plausibel, wenn man den wahrscheinlichen Ausgang des Konflikts zwischen Petrus und Barnabas auf der einen Seite und Paulus auf der anderen Seite in Antiochia betrachtet (Gal 2,11–14): Die Gemeinde schließt sich gegen Paulus der Position des Barnabas und Petrus an.

6.3 Die Sammlung für Judäa

Außer über prophetische und lehrende Aufgaben des Barnabas berichtet Lukas über eine besondere Aktion – eine Geldsammlung für die Gemeinde in Jerusalem (Apg 11,27–30; 12,25). Zu dieser Kollekte kam es, als Propheten aus Jerusalem nach Antiochia reisten. Sie treten, wie andere Wanderpropheten auch (Did 11,7 ff.; 13,1), in der Gemeinde auf und verkünden unter anderem bevorstehende Ereignisse. Einer dieser Charismatiker namens Agabus »zeigte durch den Geist eine große Hungersnot an, die im ganzen Imperium geschehen sollte« (Apg 11,28).

Lukas fügt erläuternd hinzu, dass diese dann unter Kaiser Klaudius (41–54) eingetreten sei. Die Gemeinde beschließt daraufhin, eine Sammlung durchzuführen. Barnabas und Paulus werden mit dem Ertrag der Spendenaktion nach Judäa gesandt (11,30), von wo sie auch wieder zurückkehren (12,25). Als zukünftigen Mitarbeiter gewinnen sie bei dieser Reise Johannes Markus.

Dieser Text gibt uns erstens Informationen über eine konkrete Aktion der Antiochener inklusive einer ungefähren Datierung, zweitens einen Hinweis auf die Bedeutung von Kollekten für Jerusalem und drittens die Aufgabe, uns mit der Person des Johannes Markus näher zu befassen.

6.3.1 Die Kollekte der Antiochener

Die Antike war geprägt von Zeiten, in denen ein großer Teil der Menschen Hunger litt. Dabei ist weniger an wirkliche Hungerkatastrophen, wie wir sie aus unserer Zeit kennen, sondern an Phasen der Nahrungsmittelknappheit zu denken. Als Ursachen sind neben klimatischen Umständen v. a. die geringe Produktivität, geringe Transportkapazitäten und mangelnde Verwaltungskompetenz zu nennen. Solche »Hungersnöte« kamen nur lokal vor und wurden zumeist von den Wohlhabenden der Region wieder behoben, was in den Städten besser gelang als auf dem Land. Oft war durchaus noch Nahrung vorhanden, für die einfache Bevölkerung aber nicht zu finanzieren. Betroffen waren daher vor allem Bettler und Tagelöhner, auf dem Land auch Frauen und Kinder. Die Jerusalemer Gemeinde muss eine solche Hungerperiode hart getroffen haben. Die vermögenderen Personen aus der Diaspora waren geflüchtet. Die, die geblieben waren, stammten zum Großteil aus Galiläa und waren einfache Leute.

Lukas ist also zu korrigieren: Eine imperiumsweite Hungersnot gab es unter Klaudius nicht; trotzdem fielen solche schweren Zeiten in Palästina in die Phase seiner Regierung.[36] Von Josephus erfahren wir, dass es unter den Statthaltern Cuspius Fadus (44–46) und Tiberius Alexander (46–48) eine Serie von Nahrungsmittelmängeln gab (Antiquitates 20,101). Helena, die Königin von Adiabene, eine Proselytin, versuchte diese durch Getreidekäufe in Ägypten zu beheben (Antiquitates 20,51 f.). Josephus schreibt über ihren Sohn Izates, einen Proselyten: »Er zögerte nicht, als er von der Hungersnot erfuhr, an die Führer in Jerusalem große Summen zu senden.« (Antiquitates 20,53)

Zu dieser ohnehin schon schwierigen Lage kam im Jahr 48/49 n. Chr. ein Sabbatjahr, in dem die Bearbeitung des Bodens zum Teil unterblieb. Das verlängerte die Phase des Hungers wahrscheinlich noch um ein weiteres Jahr. Irgendwann in den Jahren 44–49 n. Chr. hätte also eine Geldspende der Antiochener an die

36 Zu Hungersnöten unter Klaudius vgl. die Übersicht bei R. RIESNER, Die Frühzeit des Apostels Paulus. Studien zur Chronologie, Missionsstrategie und Theologie, WUNT 71, Tübingen 1994, 112–119.

Jerusalemer Gemeinde Sinn ergeben. Eine Prophezeiung ist vor diesem Hintergrund als Motivation nicht notwendig. Wahrscheinlich stammt diese Tradition aus einem anderen Kontext.[37]

Aus der Liste der Gemeindefunktionäre in Antiochia (13,1) ragt als besonders wohlhabend Manaën hervor, der als enger Freund des Tetrarchen Herodes Antipas bezeichnet wird. Etliche Heidenchristen werden aus den besser gestellten Kreisen Antiochias gekommen sein. Auch die Rolle des Barnabas ist zu bedenken. Er hatte schon in Jerusalem einen finanziellen Beitrag zur Versorgung der Gemeinde geleistet. Stand er, der die prekären finanziellen Verhältnisse in Jerusalem gut kannte, auch hinter der antiochenischen Spende? Viele Gemeindeglieder trugen nach dem Bericht des Lukas zur Sammlung bei, was nicht verwunderlich ist: Ein Teil der Christen stammte aus Jerusalem oder hatte zuvor dort gewohnt. Die Judenchristen hatten ohnehin enge religiöse Beziehungen zur Stadt des Tempels.

Die Geldspende wird von Barnabas und Paulus überbracht. Beide liefern den Ertrag der Sammlung bei den Leitern der Gemeinden in Judäa ab. Es handelt sich also nicht nur um eine Kollekte für Jerusalem, sondern für die Christen im gesamten von Nahrungsmittelmangel betroffenen Gebiet. Als Empfänger nennt Lukas die Ältesten (11,30), ein Gremium, das in späterer Zeit gemeinsam mit dem Herrenbruder Jakobus die Gemeinde in Jerusalem leitet (21,18).

Der ungefähre Zeitpunkt der Sammlung und der Reise nach Jerusalem ist schwierig zu bestimmen, weil Paulus über diese Reise nichts berichtet. In Gal 1 und 2 erwähnt er außer seinem ersten Besuch in Jerusalem (1,18, etwa im Jahr 33 oder 34) und dem zweiten

---

37 Vgl. dazu ÖHLER, Barnabas 239 f.

anlässlich des Apostelkonvents (2,1–10, in den Jahren 46 oder 47) keinen weiteren Aufenthalt in Judäa.[38] Nach 1,22 war er den Christen in Judäa nicht einmal persönlich bekannt. Da Paulus in dieser Aufzählung genötigt ist, chronologisch korrekt zu berichten, ist dies auch glaubwürdig. Entweder hat es also diese Kollektenüberbringung nicht gegeben, oder Paulus war nicht dabei. Es scheint plausibel zu sein, dass Lukas an dieser Stelle seinen Helden hinzugefügt hat. Gegen eine Teilnahme des Barnabas an der Kollektenreise spricht jedoch nichts.

Die Datierung innerhalb des oben genannten Rahmens 44–49 bleibt unsicher. Sie hängt von der Ansetzung des Apostelkonvents (Gal 2; Act 15) ab, den ich auf die Jahre 46 oder 47 eingrenze. Die Kollekte und ihre Überbringung hätte dann in den Jahren 44 oder 45 stattgefunden. Lukas scheint vorauszusetzen, dass die Überbringer der Kollekte in Jerusalem waren, als Agrippa I. den Zebedaiden Jakobus, Bruder des Johannes, hinrichten ließ (Apg 12 – der König heißt dort Herodes). Wenn wir das als historisch korrekt annehmen, können wir den Zeitraum auf das Jahr 44 eingrenzen, da Agrippa in diesem Jahr starb.

38 Eine Identifizierung der Kollektenreise mit jener zum Apostelkonvent (Gal 2) und eine entsprechende Frühdatierung des Konvents auf das Jahr 43 halte ich nicht für zutreffend; anders zuletzt wieder R. SCHÄFER, Paulus bis zum Apostelkonzil. Ein Beitrag zur Einleitung in den Galaterbrief, zur Geschichte der Jesusbewegung und zur Pauluschronologie, WUNT 2. Reihe 179, Tübingen 2004, 364–375.

6.3.2 Die Bedeutung von Kollekten für die Jerusalemer Gemeinde

Geldsammlungen für den Jerusalemer Tempel spielten auch im Judentum eine Rolle; Juden in der Diaspora hatten die sogenannte Didrachmensteuer zu bezahlen.[39] Möglicherweise bildeten sie den Hintergrund für die christlichen Sammlungen für die Jerusalemer Gemeinde, freilich mit dem Unterschied, dass es sich dabei um freiwillige Spenden handelte.

Die Christen von Jerusalem galten als Not leidend. Paulus nannte sie »die Armen« (Röm 15,26; Gal 2,10). Neben der Sammlung der antiochenischen Gemeinde aus Apg 11 wurde daher auch in späterer Zeit eine Kollekte für Jerusalem eingesammelt. Paulus schreibt in seinen Briefen oft davon, denn er hatte sich verpflichtet, in seinen Gemeinden einen dafür bestimmten Geldbetrag zusammenzutragen. Im Zusammenhang seines Berichts über den Apostelkonvent nennt er als Vereinbarung zwischen der Jerusalemer Gemeindeleitung auf der einen sowie Barnabas und Paulus auf der anderen Seite, »der Armen zu gedenken« (Gal 2,10). In 1Kor 16 beschäftigt sich Paulus ausführlich mit diesem Thema und weist die Adressaten an, die Beiträge zur Kollekte wöchentlich einzuheben. Auch in weiteren Briefen an die Korinther ist die Kollekte für Jerusalem ein wichtiges Thema (2Kor 8 f.). Schließlich schreibt Paulus, dass er eine Reise nach Jerusalem plane, um das Geld zu übergeben (Röm 15,25–28). Allerdings kommt auch sein Zweifel zum Vorschein, ob die Jerusalemer Christen die Gabe auch annehmen würden (Röm 15,31). Die Einhaltung der in Jerusalem eingegangenen Verpflichtung war ihm dennoch sehr wichtig.

---

39 Vgl. z. B. Josephus, Antiquitates 18,312; Cicero, Pro Flacco 68.

Von einer weiteren Sammlung des Barnabas, zu der er sich beim Apostelkonvent bereit erklärt (Gal 2,10), erfahren wir nichts. Lukas verschweigt das für Paulus so wichtige Unternehmen; vielleicht weil die Christen in Jerusalem tatsächlich die Annahme verweigerten.

Aus dieser zweiten Kollekte, für die keine konkrete Notlage berichtet wird, lässt sich schließen, dass auf der einen Seite die ökonomische Situation der Christen in Jerusalem schwierig war. Auf der anderen Seite wird daraus deutlich, wie sehr sich Barnabas und Paulus mit der ersten Gemeinde verbunden fühlten. Paulus versteht die Sammlung in den von ihm gegründeten Gemeinden als Rückerstattung geistlicher Güter, die aus Jerusalem kommen: »Sie sind ihre Schuldner. Denn wenn die Heiden an ihren geistlichen Gütern Anteil erhielten, so sind sie auch verpflichtet, ihnen mit irdischen Gütern zu dienen.« (Röm 15,27)

Insgesamt lässt sich festhalten: Geldspenden spielten für den Zusammenhalt der christlichen Gemeinden mit dem Jerusalemer Ursprung eine wichtige Rolle. Barnabas war daran beteiligt und gehörte zu denen, die sie propagierten. Immerhin hatte er schon in seiner Jerusalemer Zeit die finanziellen Nöte der Gemeinde behoben (Apg 4,37). So war er möglicherweise Vorbild, Initiator und Durchführender in einer Person.

7. Johannes Markus

Im Zusammenhang mit der Kollekte der antiochenischen Gemeinde berichtet Lukas über Johannes Markus: »Barnabas und Paulus kehrten, nachdem sie den Dienst erfüllt hatten, von Jerusalem zurück und nahmen auch Johannes, der auch Markus genannt wurde, mit.« (Apg 12,25) Da Johannes Markus auch an anderen Stellen im Zusammenhang mit Barnabas genannt wird (Apg 13,4–13; 15,36–39; Kol 4,10), wollen wir uns im Folgenden ausführlicher mit ihm beschäftigen.

In Apg 12,12 berichtet Lukas davon, dass Petrus nach seiner Befreiung aus dem Gefängnis zum Haus einer Maria läuft, in dem sich die Gemeinde versammelt. Maria scheint eine wohlhabende Frau zu sein. Lukas bezeichnet sie als die Mutter des Johannes Markus. Dieser gehört zur Jerusalemer Gemeinde, was auch durch 12,25 deutlich wird. Auch 13,13 weist darauf hin: Johannes Markus kehrt nach der Mission auf Zypern nach Jerusalem zurück.

Abgesehen von den Nachrichten über die Zusammenarbeit von Barnabas und Johannes Markus, die wir im Zuge der Missionsreise auf Zypern näher betrachten wollen, ist an dieser Stelle der Kolosserbrief von Bedeutung. Im Zusammenhang der Grüße am Ende dieses Schreibens heißt es: »Es grüßt euch Aristarch, mein Mitgefangener, und Markus, der Neffe des Barnabas, dessentwegen ihr Befehle erhalten habt – wenn er zu euch kommt, so nehmt ihn auf – und Jesus, genannt Justus. Von den Beschnittenen sind diese allein Mitarbeiter am Reich Gottes; sie sind mir ein Trost geworden.« (4,10 f.)

Über die drei Männer, die hier genannt werden, gibt der Verfasser an, dass sie Judenchristen sind und mit Paulus zusammenarbeiten. Markus[40] wird zusätzlich als Verwandter des Barnabas bezeichnet. Das griechische Wort meint wohl einen Neffen, ist aber nicht eindeutig. Die Angabe der Verwandtschaft passt zu den Nachrichten der Apostelgeschichte, aus denen deutlich wird, dass Markus eine enge Beziehung zu

40 Markus wird in den Briefen stets nur mit seinem griechisch-lateinischen Namen bezeichnet (auch in Apg 15,39), hingegen in Apg 12,12.25; 15,37 als »Johannes, der auch Markus genannt wurde».

Abb. 8: Kopf des Markus, Albrecht Dürer (1526)

Barnabas hat. Lukas berichtet von dieser engen Verbindung auch im Zusammenhang eines Streits, den Barnabas und Paulus über die Mitnahme des Johannes Markus auf eine erneute Missionsreise haben (Apg 15,36–39). Dieser endet damit, dass Barnabas seinen

Neffen mit nach Zypern nimmt, während Paulus mit Silas auf Reisen geht.[41]

Fraglich wird die verwandtschaftliche Beziehung zwischen Barnabas und Markus dadurch, dass die Echtheit des Kolosserbriefes umstritten ist.[42] Die Information über Markus muss aber nicht falsch sein, selbst wenn der Brief nicht von Paulus stammen sollte.[43] Da sie der Apostelgeschichte und anderen Paulusbriefen nicht widerspricht, können wir davon ausgehen, dass Johannes Markus und seine Mutter Maria tatsächlich Verwandte des Barnabas waren.

In Phlm 24 wird Markus wie in Kol 4,10 bei den Grüßen erwähnt. Er hat offenbar zu einem späteren Zeitpunkt – nach der Reise mit Barnabas nach Zypern – wieder mit Paulus zusammengearbeitet. Auch in 2Tim 4,11 wird Markus genannt, woraus deutlich wird, dass er in der deuteropaulinischen Tradition bekannt war. Auffallend ist aber, dass Markus auch mit Petrus verbunden wird: »Es grüßt euch die Miterwählte in Babylon und Markus, mein Sohn.« (1Petr 5,13)

Zwar stammt der erste Petrusbrief wahrscheinlich aus dem Bereich der Paulustradition, aber warum Markus hier Petrus zugeordnet wird, ist nicht klar. Vielleicht handelt es sich um einen anderen Markus, da der Name in der Antike weit verbreitet war. Die Erwähnung in 1Petr hat aber dazu geführt, dass in späterer Zeit Johannes Markus als Verfasser des seinen Namen tragenden Evangeliums verstanden wurde.

---

41 Wir werden uns später noch einmal ausführlicher mit diesem Streit beschäftigen (s. u. S. 127–131).

42 Zur Diskussion über dieses Thema vgl. U. SCHNELLE, Einleitung in das Neue Testament, UTB 1830, Göttingen [5]2005, 298–304.

43 Vgl. etwa H. HÜBNER, An Philemon. An die Kolosser. An die Epheser, HNT 12, Tübingen 1997, 117 f.

Um 130 n. Chr. schreibt Papias von Hierapolis: »Markus war der Dolmetscher des Petrus und schrieb sorgfältig auf, was er im Gedächtnis behalten hatte.«[44]

Wahrscheinlich ist diese Nachricht historisch nicht korrekt, hat aber zu einer breiten Wirkungsgeschichte des Johannes Markus geführt. Das zeigt sich auch in den apokryphen Barnabas-Akten, bei denen Johannes Markus als Verfasser angegeben wird.

8. Der Apostelkonvent

In der Darstellung des Lukas unternehmen Barnabas und Paulus nach der Arbeit in Antiochia ihre gemeinsame Missionsreise (Apg 13 f.). Danach gehen sie nach Jerusalem, um mit den dortigen Aposteln die Frage der Zulassung von Heidenchristen in den Gemeinden zu regeln (Apg 15). Ein Bericht über dieses Zusammentreffen, den so genannten Apostelkonvent, findet sich auch in Gal 2,1–10, sodass wir in der Lage sind, einen Vergleich anzustellen. Für Lukas gehört die Reise zu den Voraussetzungen des Konvents, während Paulus ihn anders einordnet.

8.1 Die paulinische Chronologie der Ereignisse von der Bekehrung bis zum Apostelkonvent

Wir sind schon im Zusammenhang der ersten Begegnung zwischen Paulus und Barnabas (Apg 9,26–30) auf jenen Lebensbericht gestoßen, den Paulus in Gal 1,13–2,14 hinterließ,[45] und müssen uns nun einge-

44 Der Text wird überliefert von Euseb, Kirchengeschichte III 39,15.

45 S. o. S. 52 f. Eine übersichtliche Darstellung der biografischen Notizen in den Paulusbriefen findet sich jetzt bei E. REINMUTH, Paulus. Gott neu denken, BG 9, Leipzig 2004, 17–34.

hender damit beschäftigen, da die dort aufgeführten Ereignisse mit Barnabas zu tun haben.

Zunächst geht es Paulus darum, seinen Lesern zu versichern, dass er das Evangelium, welches er ihnen verkündigt, nicht von Menschen, sondern von Gott empfangen hat. Um zu unterstreichen, dass nicht er sich dem Christentum angenähert hat, sondern von Gott berufen wurde, beschreibt er die tiefe Verwurzelung im Judentum sowie seine Tätigkeit als Verfolger der christlichen Gemeinden (Verse 13 f.). Die entscheidende Wende geschah durch Gott, der ihn dazu einsetzte, das Evangelium unter den Heiden zu verkündigen (Verse 15 f.). Paulus hält dann fest, sich anschließend im Gebiet der Nabatäer (Arabia) aufgehalten zu haben (Vers 17).

Im nächsten Abschnitt geht es um den ersten Besuch des Paulus in Jerusalem, etwa zwei Jahre nach seiner Bekehrung. Dabei begegnete er Petrus, sah aber auch den Herrenbruder Jakobus. Wir haben oben gesehen, dass Paulus bei dieser Gelegenheit Barnabas wahrscheinlich nicht kennen gelernt hat. Der diesen Abschnitt abschließende Schwur »Was ich euch aber schreibe – siehe, vor Gott! – ich lüge nicht!« unterstreicht, wie ernst man diese Angaben nehmen muss.

Nach dem Besuch in Jerusalem kam Paulus in das Gebiet von Syrien und Zilizien. Das sind jene Bereiche, die von Antiochia aus am leichtesten zu erreichen waren. Zusammen bildeten sie die römische Provinz Syrien. Zudem heißt es auch bei Lukas, dass Paulus von Jerusalem aus nach Tarsus ging, der größten Stadt Ziliziens (Apg 9,30). Diese Phase dauerte ca. 13 Jahre (Gal 2,1) und stimmt mit jener Zeit überein, die Barnabas und Paulus gemeinsam in Antiochia verbrachten (Apg 11,26). Nach der Apostelgeschichte müsste nun die gemeinsame Missionsreise folgen, doch Paulus schreibt nichts darüber. Stattdessen kommt er zum Apostelkonvent (Gal 2,1–10), dem Endpunkt der Aufzählung seiner Lebensstationen.[46]

8.2 Die Reihenfolge Apostelkonvent – Missionsreise

Die bei Paulus fehlende Missionsreise, d.h. die Verkündigung auf Zypern sowie in den Gebieten Pamphyliens, Phrygiens und Lykaoniens, also dem Süden der kleinasiatischen Halbinsel, hat verschiedene Erklärungen gefunden.

Einige meinen, dass in Syrien und Zilizien (Gal 1,20) alle diese Landschaften inbegriffen seien.[47] Das wäre aber, als würde man mit »Bayern und Franken« auch »Baden-Württemberg« meinen und ist deshalb kaum wahrscheinlich. Andere meinen, die Missionsreise entsprechend Apg 13 f. habe nicht stattgefunden, sondern sei eine Fiktion des Lukas.[48] Das entspräche aber nicht dem historiographischen Anliegen des Lukas (vgl. Lk 1,1–4). Als dritte Möglichkeit wird erwogen, die Adressaten des Galaterbriefs hätten ohnehin von dieser Reise gewusst, weil sie dabei zum Glauben gekommen wären.[49] Aus diesem Grund erwähne Paulus sie nicht. Aber hätte er diese

---

46 Der Bericht über den antiochenischen Zwischenfall (2,11–14) gehört nicht mehr zu dem chronologischen Bericht, sondern greift ein Ereignis aus späterer Zeit heraus. Dass die vorhergehenden Ereignisse jeweils keine Lücken lassen wollen, wird durch die jeweilige Einleitung mit »danach aber ...« deutlich (Gal 1,18.21; 2,1).

47 Etwa HENGEL/SCHWEMER, Paulus 395.

48 So etwa H. CONZELMANN, Die Apostelgeschichte, HNT 7, Tübingen [2]1972, 80.

49 So etwa RIESNER, Frühzeit 238; C. BREYTENBACH, Paulus und Barnabas in der Provinz Galatien. Studien zu Apostelgeschichte 13 f.; 16,6; 18,23 und den Adressaten des Galaterbriefes, AGJU 38, Leiden/New York/Köln 1996, 89. Zur Frage der Adressaten und Adressatinnen des Galaterbriefs siehe unten den Abschnitt zu Apg 13 f.

Tatsache übergehen können, wenn er die Galater von seinem Anliegen überzeugen wollte? Wohl kaum.

Man wird im Gegenteil davon ausgehen müssen, dass Paulus in seiner Aufzählung von der Bekehrung bis zum Apostelkonvent keine wichtige Station ausgelassen hat. Statt dessen ist damit zu rechnen, dass Lukas die Reihenfolge Apostelkonvent – Missionsreise umgedreht hat, ob unabsichtlich oder gewollt, sei dahin gestellt. Ich gehe also im Folgenden davon aus, dass die Missionsreise durch Zypern und den Süden Kleinasiens (Apg 13 f.) erst nach dem Apostelkonvent stattfand, und zwar im Jahr 46 oder 47.

8.3 Der Apostelkonvent bei Paulus und Lukas

Bei dem großen Treffen zwischen Barnabas und Paulus auf der einen sowie den Spitzen der Jerusalemer Gemeinde – Petrus, Johannes und der Herrenbruder Jakobus – auf der anderen Seite ging es um eine der großen Fragen des frühen Christentums: die Aufnahme von Heiden in die christlichen Gemeinden, ohne dass sie sich damit dem Judentum anschließen mussten. Je weiter sich das Christentum über Palästina hinaus in das Gebiet der Diaspora ausbreitete, desto drängender wurde diese Frage. Die Taufe des äthiopischen Kämmerers (Apg 8,26–39), des Kornelius mit seinem Haus (Apg 10) oder die Predigt hellenistischer Judenchristen an Heiden (Apg 11,20) führten zu Problemen. Denn obwohl führende Personen die Zulassung von Heiden zum christlichen Glauben propagierten, erhoben sich auch Stimmen dagegen. Bei einer Zusammenkunft zwischen Vertretern der antiochenischen Gemeinde, die federführend bei der Verkündigung an Heiden war, und den Christen von Jerusalem, von denen die meisten Vertreter eines strengeren

Kurses waren, sollte dieses Problem geregelt werden.

Über diesen »Apostelkonvent« (früher als »Apostelkonzil« bezeichnet) wird sowohl von Paulus (Gal 2,1–10) als auch von Lukas (Apg 15,1–34) berichtet. Wir können daher einen Vergleich unternehmen, wobei wir im Folgenden nur die wichtigsten Elemente nennen.

8.3.1 Übereinstimmungen zwischen Paulus und Lukas

Die Parallelen zwischen Paulus und Lukas bezüglich des Apostelkonvents sind zahlreich. Lukas wertet hier offenbar historische Informationen aus, sodass er über Paulus hinaus als Quelle für die Rekonstruktion herangezogen werden kann.

Die wichtigsten Teilnehmer sind dieselben: Barnabas und Paulus bzw. Petrus und Jakobus, der Herrenbruder. Auch die Reise des Barnabas und Paulus von Syrien nach Jerusalem ist in beiden Texten zu finden.

Die Grundfrage, die in beiden Berichten genannt wird, ist die Frage der Beschneidung von Heidenchristen bzw. der Unterwerfung unter die Tora, die von pharisäischen Judenchristen gefordert wird. Die Jerusalemer Gemeindeleitung lehnt diese Bedingungen für den Zugang zur christlichen Gemeinde ab.

Die entscheidende Sitzung findet nach beiden Berichten in einem kleinen Kreis statt: Gal 2,6–10 nennt die Angesehenen bzw. Säulen mit Namen: Jakobus, Kefas (Petrus) und Johannes, ihnen gegenüber Paulus und Barnabas. Lukas nennt gegenüber Barnabas und Paulus die Apostel (unter ihnen Petrus und Jakobus) und die Presbyter (15,6).

Als Missionsgebiete, in denen zuvor Verkündigung an Heidenchristen betrieben wurde, sind Syrien und Zilizien genannt.

Ergebnis der Verhandlungen sind sowohl nach Paulus als auch nach Lukas Regelungen, bei denen die Einigkeit der Beteiligten betont wird.

Beide Autoren berichten sicherlich gefärbt, doch handelt es sich bei Paulus um einen Augenzeugen, während Lukas seine Sicht der Dinge ca. 40 Jahre später darlegt und sich dabei auf mündliche oder schriftliche Nachrichten stützen muss. Die paulinische Darstellung ist daher vorzuziehen.

8.3.2 Differenzen zwischen Paulus und Lukas

Paulus (Gal 2,1–10)	*Lukas (Apg 15,1–34)*
Es handelt sich um die zweite Reise des Paulus nach Jerusalem.	Es ist die dritte Reise des Paulus nach Jerusalem.
Judaisten treten in Jerusalem auf.	Judaisten treten in Antiochia auf.
Paulus geht auf Grund einer Offenbarung nach Jerusalem.	Paulus gehört zu einer Gesandtschaft der antiochenischen Gemeinde.
Der Streit um die Geltung der Tora spielt sich nur auf Gemeindeebene ab.	Der Streit um die Geltung der Tora spielt sich auch in der Führungsgruppe der Apostel und Presbyter ab.
Petrus ist *der* Missionar unter den Juden.	Petrus ist derjenige, der auf Grund eigener Erfahrungen die Beschneidungsfreiheit von Heidenchristen verteidigt.
Paulus legt den Inhalt seines Evangeliums dar.	Barnabas und Paulus berichten von Missionserfolgen.
Barnabas wird nur nebenbei genannt.	Barnabas erscheint als der Leiter der Delegation.
Paulus und Barnabas sind mit den Säulen gleichberechtigt.	Barnabas und Paulus stehen am Rand des Geschehens.

Das Ergebnis der Verhandlungen sind die Aufteilung der Missionsfelder sowie die Kollekte für die Armen der Jerusalemer Gemeinde.	Das Ergebnis ist die Zulassung der Heidenchristen in den Gemeinden, wenn sie bestimmte Vorschriften einhalten.

Diese Gegenüberstellung lässt erkennen, dass Lukas in vielen substantiellen Punkten von Paulus abweicht, vor allem im Blick auf die Ergebnisse. Ich werde daher der paulinischen Darstellung folgen und danach fragen, welchen Beitrag Barnabas zu diesem Treffen geleistet hat. An manchen Stellen lassen sich aus der lukanischen Erzählung zusätzliche Informationen entnehmen, da Paulus nicht vollständig berichtet.

8.4 Der Anlass

Paulus erzählt nicht von einem Anlass für den Konvent. In Gal 2,2 nennt er lediglich eine Offenbarung; also eine Vision, eine prophetische Eingebung oder einen Traum. Ein analoges Geschehen findet sich am Beginn der gemeinsamen Missionsreise (Apg 13,1), wo der Heilige Geist – wahrscheinlich durch einen Propheten – Barnabas und Paulus für ihre Aufgabe aussondert.

Lukas überliefert dagegen einen Grund: Die Forderung von Judenchristen aus Jerusalem (Apg 15, 1.24), dass sich die Heidenchristen der Tora unterwerfen sollten. Indirekt wird das durch Paulus bestätigt: Er nimmt nämlich auf seine Reise Titus mit, einen Heidenchristen, der nicht beschnitten ist (Gal 2,2). Zudem ist nach dem Galaterbrief das erste Gesprächsthema in Jerusalem die Verkündigung des Paulus unter den Heiden (Gal 2,2). Offenbar ist dem Apostel schon vor der Reise bewusst, dass man in Jerusalemer Kreisen anders über seine Verkündigung dachte als in Antiochia. Paulus betont, auf Anweisung Gottes zum Konvent gereist zu sein, um seine Unabhängigkeit zu unterstreichen: Er wurde nicht zum Rapport bestellt.

Bei Barnabas war es anders: Seine Stellung war in Jerusalem nicht umstritten, die Frage der Unabhängigkeit stand nicht zur Debatte. Der Anlass für seine Reise lässt sich mit folgendem Szenario rekonstruieren: In der gemischt juden- und heidenchristlichen Gemeinde Antiochias traten Judenchristen aus Jerusalem auf, die von den Heidenchristen forderten, sich beschneiden zu lassen und sich der Tora vollständig zu unterwerfen. Anders würde es für sie kein Heil geben. Die antiochenische Gemeinde, an deren Spitze Barnabas stand (vgl. Apg 13,1), beschloss, dieses Problem im Einvernehmen mit der Jerusalemer Gemeinde zu lösen. In dieser entscheidenden Frage musste Übereinstimmung herrschen. Eine Gesandtschaft wurde ausgewählt, zu der Barnabas gehörte. Paulus reiste mit, weil er sich von Gott zum Heidenapostel berufen und durch eine »Offenbarung« beauftragt wusste, die Gesandtschaft zu begleiten. Titus sollte den Christen in Jerusalem als exemplarischer Heidenchrist vorgestellt werden.

8.5 Die Verhandlungen

Barnabas war eine angesehene Person. Er kam aus der Jerusalemer Gemeinde, war Auferstehungszeuge und hatte sich um ihre finanzielle Situation verdient gemacht (Apg 4,37; 11,27–30). Paulus hatte es nicht so leicht. Zwar lag seine Verfolgungstätigkeit zu diesem Zeitpunkt schon lange zurück, doch war er den Aposteln nicht gut bekannt. Ihm eilte allerdings der Ruf eines unerschrockenen Verkündigers des Evangeliums voraus (Gal 1,22–24). Der Umstand, dass er den Angesehenen in Jerusalem sein Evangelium vorlegte

(Gal 2,2) und sein Apostolat anerkannt haben wollte (Gal 2,9), zeigt, dass Paulus auch für ein persönliches Anliegen »in den Ring stieg«.

Dieser Unterschied zwischen den beiden Hauptprotagonisten auf der Seite Antiochias bedeutet gegen die Tendenz der paulinischen Darstellung, dass Barnabas in Jerusalem die Sprecherfunktion gegenüber der Jerusalemer Gemeindespitze ausübte. Bei Lukas scheint das noch durch: Barnabas wird in Apg 15,12 und im Brief der Jerusalemer 15,25 an erster Stelle genannt.

In Jerusalem trafen Barnabas, Paulus und Titus auf eine in der Frage der Zulassung der Heidenchristen gespaltene Gemeinde. Eine endgültige Entscheidung war noch nicht getroffen worden, was vielleicht daran lag, dass in Jerusalem und Judäa das Problem nicht so groß war. Paulus nennt jene, die von Heidenchristen die volle Unterwerfung unter die Bestimmungen der Tora verlangten, polemisch »Falschbrüder« (Gal 2,4). Lukas bezeichnet sie weniger scharf als pharisäische Christen (Apg 15,5).

Positiv könnte man deren Anliegen so deuten, dass sie fürchteten, die Christen paganer Herkunft würden das Heil verfehlen, wenn sie sich nicht an die Tora hielten, die von Gott als Heilsordnung gegeben war. Negativ deutet es Paulus als Versuch, Menschen einer Ordnung zu unterwerfen, die keine Heilskraft hat: »Wir wissen, dass der Mensch nicht aus Werken des Gesetzes gerechtfertigt wird, sondern nur durch den Glauben an Jesus Christus.« (Gal 2,16)

Paulus meint sogar, dass eine Unterwerfung unter die Tora den Heidenchristen das Heil nehmen würde. Er setzte sich deshalb dafür ein, für die Heidenchristen die Freiheit vom Gesetz zu erhalten. Ein Beispiel, dass diese Position auch von der Jerusalemer Gemeindeleitung anerkannt wurde, ist Titus: Er wurde nicht zur

Beschneidung gezwungen (Gal 2,3). Es ist anzunehmen, dass Barnabas und Paulus von ihrer langen Tätigkeit in Syrien und Zilizien berichteten, bei der sie eine Anzahl Heiden für das Evangelium gewonnen hatten (vgl. Apg 15,12). Lukas verweist darauf, dass Heidenchristen den Heiligen Geist erhalten hatten und ihr Christsein damit als heilskräftig anzuerkennen sei, indem er Petrus in Erinnerung an Kornelius sagen lässt: »Gott, der Herzenskenner, gab ihnen Zeugnis, indem er ihnen den Heiligen Geist gab wie auch uns, und er unterschied nicht zwischen uns und ihnen, da er durch den Glauben auch ihre Herzen reinigte.« (Apg 15,8 f.)

8.6 Die Ergebnisse

Die Verhandlungen zwischen Jerusalem und Antiochia waren mit dem Beschluss zur Befreiung der Heidenchristen von Beschneidung und Tora noch nicht zu Ende. Neben dieser Frage wurde ein zweites Problem besprochen – die Aufteilung der Missionsfelder. Paulus schreibt, wiederum vor allem auf seine eigene Person bezogen: »Von den Angesehenen aber – was immer sie auch waren, macht keinen Unterschied für mich, Gott sieht die Person eines Menschen nicht an – mir nämlich haben die Angesehen nichts auferlegt, sondern im Gegenteil: Als sie sahen, dass ich mit dem Evangelium der Unbeschnittenheit [also: für die Heiden] betraut war wie Petrus mit dem der Beschneidung [also: für die Juden] – denn der, der in Petrus zum Apostelamt der Beschneidung wirksam war, war auch in mir unter den Heiden wirksam –, und als sie die Gnade erkannten, die mir gegeben worden war, gaben Jakobus, Kefas (also: Petrus) und Johannes, die als Säulen angesehen werden, mir und Barnabas die rechte Hand der Gemeinschaft, damit wir unter die Heiden, sie aber unter die Beschneidung [also: zu den Juden] gingen.« (Gal 2,6–9)

Dieser lange Satz gibt vor allem zwei Informationen bekannt. Erstens wurde Paulus als gleichwertiger Apostel anerkannt. Dieses Ziel, das vor allem sein eigenes Anliegen gewesen sein dürfte, wurde erreicht. Es ist im Zusammenhang des Galaterbriefes von besonderer Bedeutung, da Paulus sich dort gegen Vorwürfe wehrt, sein Evangelium sei nicht das wahre. Er weist auf die Anerkennung durch die Jerusalemer hin: Er gilt wie Petrus als von Gott beauftragter Apostel.

Zweitens wurde zwischen den Jerusalemern und den Antiochenern das Missionsfeld aufgeteilt. Erstere sollten das Evangelium unter Juden, letztere unter den Heiden verkünden. Diese Vereinbarung ist nicht leicht zu deuten, denn es könnte sich entweder um eine ethnische Aufteilung oder eine geografische handeln. Letztere würde bedeuten: Die Jerusalemer würden sich auf Palästina beschränken, die Antiochener hätten den gesamten Raum der Diaspora als Missionsgebiet.[50] Gegen diese Ansicht spricht neben grammatikalischen Schwierigkeiten unter anderem die spätere Anwesenheit des Petrus in Rom und vielleicht auch Korinth.

Die Deutung hinsichtlich einer ethnischen Aufteilung der Missionsfelder ist sowohl sprachlich korrekt als auch sachlich verständlich: Die Jerusalemer Missionare sollten sich Gottes erwähltem Volk, den Juden widmen; die Antiochener sollten den Heiden das Evangelium predigen. Tatsächlich versteht sich Paulus

---

50 So etwa J. M. SCOTT, Paul and the Nations. The Old Testament and Jewish Background of Paul's Mission to the Nations with Special Reference to the Destination of Galatians, WUNT 84, Tübingen 1995, 154–157.

später ausschließlich als Heidenapostel: »Insofern ich nun Apostel der Heiden bin, preise ich meinen Dienst.« (Röm 11,13; vgl. auch 15,15 f.; Gal 1,16)

Die Gemeinden, die Paulus gründete und an die er Briefe schrieb, bestanden aus Heidenchristen. Darauf weisen die Texte hin, in denen auf ihre Umkehr zum wahren Gott angespielt wird: »Ihr seid umgekehrt von den Götzen zu Gott« (1Thess 1,9; vgl. auch Gal 4,8). Wenn Paulus gegen die Beschneidung polemisiert, ergibt das nur bei Heidenchristen Sinn (Phil 3,2; Gal 5,2 f.).

Das Problem an einer ethnischen Aufteilung der Mission war allerdings, dass zwei Sorten von Christentum entstehen hätten können. In ihnen hätte die Tora eine unterschiedliche Bedeutung. Für Judenchristen würde sie weiterhin gelten, während Heidenchristen sie nicht einmal zu kennen brauchen. Was mit den schon bestehenden gemischten Gemeinden geschehen sollte, in denen Juden- und Heidenchristen zusammenkamen, war auch nicht bedacht worden. Wie sollten sie ihr Gemeindeleben gestalten? Diese offenen Fragen würden später noch zu Problemen führen, von denen der antiochenische Zwischenfall (Gal 2,11–14) nur eines war.

Als zusätzlichen Beschluss des Apostelkonvents hält Paulus fest: »Wir sollten nur auch der Armen gedenken, was zu tun ich mich auch bemüht habe.« (Gal 2,10) Auch dieser Beschluss fehlt bei Lukas, obwohl sich Paulus in seinen Briefen wiederholt mit der Sammlung für die Armen in Jerusalem beschäftigt. Ich bin darauf schon im Zusammenhang der ersten antiochenischen Kollekte eingegangen.

Es fällt zunächst auf, dass nicht nur Paulus diese Verpflichtung übernahm, sondern auch Barnabas. Leider finden wir keine Notizen, ob Barnabas tatsächlich eine Sammlung für Jerusalem durchführte und ablieferte. Lukas schweigt dazu ebenso wie zur Kollekte des Paulus.

Im Zusammenhang des Apostelkonvents ist weiter zu fragen, wie es zur Vereinbarung einer Geldsammlung kam. Anders als bei der ersten Kollekte ist nämlich nicht von einer bedrängenden Notlage der Jerusalemer die Rede. Ich habe bereits an Röm 15,27 erinnert, wo Paulus die Geldspenden der Christen als Antwort auf die geistlichen Güter bezeichnet, die man Jerusalem verdankt. Im Kontext der gesetzesfreien Heidenmission ist davon auszugehen, dass es sich bei den »geistlichen Gütern« vor allem um die Zustimmung der Jerusalemer Gemeindeleitung zur antiochenischen Praxis handelte. Die Verpflichtung zu einer Kollekte bedeutet zwar keinen Freikauf vom Gesetz, aber doch eine Erwiderung auf das Entgegenkommen der Christen von Jerusalem.

8.7 Das Aposteldekret

Lukas berichtet von zwei Personen, die den Apostelkonvent prägten: Petrus und Jakobus, der Bruder Jesu. Zwischen die Reden dieser beiden schiebt Lukas einen Satz ein, der darauf verweist, dass Barnabas und Paulus von ihren Missionserfolgen unter den Heiden erzählten (Apg 15,12). Ein solcher Bericht der antiochenischen Gesandten ist historisch plausibel. Auffällig sind aber die beiden Reden.

Petrus wird vom Verfasser der Apostelgeschichte als Befürworter der gesetzesfreien Heidenmission präsentiert. Gott mache keinen Unterschied zwischen Heiden und Juden, sodass sich Petrus mit folgenden Worten an die Zuhörer wendet: »Nun also, was versucht ihr Gott, ein Joch auf das Genick der Jünger zu legen, das weder wir noch unsere Väter tragen konnten? Vielmehr glauben wir, durch die Gnade des Herrn Jesus gerettet zu werden, in derselben Weise wie jene.« (Apg 15,10 f.) Das entspricht sachlich der Freiheit vom Gesetz, die Paulus nach eigenem Zeugnis für die Heiden verteidigte. Auch im Munde des Petrus ist das nicht unglaubwürdig, da er sich später selbst diese Freiheit vom Gesetz nehmen konnte (Gal 2,12).

Über Paulus hinaus geht dagegen die Rede des Jakobus, deren Inhalt in ein Sendschreiben an die Heidenchristen einfließt (Apg 15,13–29). Jakobus stimmt Petrus inhaltlich zu, stellt aber zur Befreiung vom Gesetz vier Bedingungen, das so genannte Aposteldekret (auch Jakobusklauseln: Apg 15,20.29; vgl. 21,25). In diesem Dekret wird verlangt, dass sich Heidenchristen von Verunreinigungen mit Götzenopferfleisch, von Unzucht, Ersticktem und Blut fernzuhalten haben. Hinter diesen Verboten stehen wahrscheinlich Vorschriften über das Verhalten von Fremdlingen im Land Israel, wie sie in Lev 17 f. überliefert sind.[51] Die Heidenchristen sollten sich also so verhalten, als ob sie Fremdlinge in Israel wären.

Aus dem Galaterbrief geht dagegen hervor, dass diese Verpflichtung mit Paulus und Barnabas nicht vereinbart wurde. Paulus hält ausdrücklich fest, dass ihm über die genannten Vereinbarungen hinaus – Aufteilung der Mission, Kollekte – nichts auferlegt wurde (Gal 2,6). Die spätere Auseinandersetzung über die Tischgemeinschaft in Antiochia (Gal 2,11–14) wäre wohl nicht geschehen, wenn das Aposteldekret auch von Paulus anerkannt worden wäre. Und schließlich erwähnt Paulus im Zusammenhang mit der Frage, ob Götzenopferfleisch gegessen werden darf, das Aposteldekret mit keinem Wort, sondern argumentiert ganz anders (1Kor 8–10). Paulus war an dieser Vereinbarung also nicht beteiligt.

Wenn Lukas in Apg 15,22–29 berichtet, dass diese Beschlüsse in einem Brief an die Heidenchristen festgehalten werden, den ausgerechnet Barnabas und Paulus (in Begleitung von Judas Barsabbas und Silas) überall verbreiten, dann ist das mit dem paulinischen Zeugnis nicht mehr vereinbar. Wir haben vielmehr davon auszugehen, dass die Bestimmungen, die Lukas auf Jakobus zurückführt, nicht in den Zusammenhang des Apostelkonvents gehören. An späterer Stelle werden wir sehen, wann und wo sie wahrscheinlich entstanden und wie sie mit Barnabas zusammenhingen.

9. Die gemeinsame Missionsreise

Wir haben festgestellt, dass Lukas die Reihenfolge Apostelkonvent – Missionsreise falsch wiedergibt: Er stellt die erste Missionsreise (Apg 13 f.) als Voraussetzung für den Apostelkonvent (Apg 15) dar. Historisch wahrscheinlicher ist die umgekehrte Abfolge: Nach der Anerkennung der gesetzesfreien Heidenmission und des Paulus als Verkündiger durch die Jerusalemer sowie der Aufteilung der Missionsfelder (Gal2,1–10) weiteten die Antiochener ihre Verkündigungstätigkeit aus (Apg 13 f.). Bisher hatte die Gemeinde nur in Syrien und Zilizien gewirkt, nun sollte es darüber hinausgehen.

Bevor es aber so weit war, mussten die geeigneten Personen ausgewählt werden. Lukas schreibt: »Während sie (die Leiter der Gemeinde von Antiochia) aber dem Herrn dienten und fasteten, sprach der Heilige

51 Vgl. dazu J. WEHNERT, Die Reinheit des »christlichen Gottesvolkes« aus Juden und Heiden. Studien zum historischen und theologischen Hintergrund des so genannten Aposteldekrets, FRLANT 173, Göttingen 1997, 213–238.

Geist: ›Sondert mir nun Barnabas und Saulus zu dem Werk aus, zu dem ich sie berufen habe!‹ Da fasteten und beteten sie; und als sie ihnen die Hände aufgelegt hatten, entließen sie sie.« (Apg 13,2 f.)

Barnabas und Paulus werden nach dieser Darstellung während einer Gottesdienstfeier berufen, um den Missionsauftrag der Gemeinde (»das Werk«, vgl. 14,26) durchzuführen. Die Auflegung der Hände und die Entlassung zur Reise machen deutlich, dass es sich bei Barnabas und Paulus um die Gesandten der Gemeinde handelt, die von Gott selbst ausgewählt wurden.

Die Wahl von Barnabas und Paulus lag nahe. Beide verstanden sich als von Christus mit der Verkündigung beauftragt, was auch in Jerusalem anerkannt worden war. Sie hatten sich darin während ihrer langen Tätigkeit in Syrien und Zilizien ja auch schon bewährt. Beide hatten an den Verhandlungen zur Aufteilung der Missionsfelder an entscheidender Stelle mitgewirkt. Wenn sich die antiochenische Gemeinde insgesamt für die Mission unter den Heiden verantwortlich fühlte, lag es nahe, dass zwei bewährte Verkündiger aus der Leitungsgruppe (Apg 13,1) diese auch durchführten.

Die Reise, die Lukas in Apg 13 f. beschreibt, führte die beiden Apostel zunächst nach Zypern, dann in die Provinz Pamphylien, in den Süden der Provinz Galatien bis an die westlichen Abhänge des Taurusgebirges. Sie begann wahrscheinlich im Mai 46 oder 47 und dauerte ca. eineinhalb Jahre.

9.1 Das Leben als reisender Missionar

9.1.1 Reisemittel

Barnabas und Paulus, zunächst auch Johannes Markus, reisten zum Teil per Schiff, zum größten Teil aber zu Fuß. Schiffspassagen auf privaten Handelsschiffen waren sicher und angenehm, aber nicht immer verfügbar. Zu gewissen Zeiten, etwa wenn die Winde keine Fahrt in eine bestimmte Richtung ermöglichten oder im Winter, war es unmöglich, mit dem Schiff zu fahren. Außerdem musste man dafür bezahlen. Auch Pferdewagen waren nur für hochgestellte oder reiche Personen finanzierbar. Die meisten Strecken mussten zu Fuß bewältigt werden.

Der Reisende trug einen Mantel, der auch als Decke diente, einen Hut zum Schutz vor der Sonne und einen Stab, mit dem er wilde Tiere abwehren konnte. In einem Beutel wurden der für eine Tagesreise notwendige Proviant sowie Kleidung und persönliche Güter mitgeführt. Die Strecke, die bewältigt werden konnte, hing von der Beschaffenheit des Weges ab; sie betrug zwischen 20 und 40 km pro Tag. Am Ende des Tages suchten sich die Reisenden ein Gasthaus zur Übernachtung oder konnten bei Freunden auf Aufnahme hoffen.

Paulus zeichnet in einem autobiografischen Abschnitt ein wenig romantisches Bild seiner apostolischen Lebensweise »auf Achse«, das auch auf Barnabas und andere zutrifft. Neben den Verfolgungen durch Juden und römische Behörden zählt er auf: »Dreimal habe ich Schiffbruch erlitten; einen Tag und eine Nacht habe ich in Seenot zugebracht; oft auf Reisen, in Gefahren von Flüssen, in Gefahren von Räubern, in Gefahren von meinem Volk, in Gefahren von den Heiden, in Gefahren in der Stadt, in Gefahren in der Einöde, in Gefahren auf dem Meer, in Gefahren unter falschen Brüdern; in Mühe und Beschwerde, in Wachen oft, in Hunger und Durst, in Fasten oft, in Kälte und Blöße.« (2Kor 11,25–27) Die Reise war voll von Gefahren und Mühen, die die Missionare jedoch um des Evangeliums Willen auf sich nahmen.

9.1.2 Unterkunft und Unterhalt

In einer Stadt angekommen suchten Barnabas und Paulus im Normalfall zunächst die Synagoge auf. Dort ging es nicht allein um die Möglichkeit, gottesfürchtige Heiden für das Evangelium zu begeistern, sondern auch um die Vermittlung einer Schlafstelle und einer Arbeitsmöglichkeit. Falls den Aposteln bereits Personen in der Stadt bekannt waren oder falls sie Empfehlungsbriefe hatten, konnten sie sich auch dorthin wenden.

Für den Unterhalt auf ihrer Reise schöpften Barnabas, Paulus und Johannes Markus aus verschiedenen Quellen. Zum Teil werden sie von ihrer Gemeinde in Antiochia ausgestattet worden sein. Auf Zypern konnten sie darauf hoffen, von Verwandten des Barnabas versorgt zu werden. Auf dem kleinasiatischen Festland war es schwieriger: Im pisidischen Antiochia bauten sie vielleicht noch auf die Gastfreundschaft der Familie der Sergii Paulli; dann mussten Barnabas und Paulus aber auch arbeiten (1Kor 9,6). Paulus handhabte das auch weiterhin so; z. B. war er in Korinth mit Priska und Aquila als Lederverarbeiter tätig (Apg 18,3). Die Vorteile einer finanziellen Selbständigkeit waren bedeutend: Die Missionare blieben in ihrer Verkündigung unabhängig von reichen Sponsoren. Sie setzten sich damit auch von Wanderphilosophen ab, deren Bettelei in der Antike kritisiert wurde. Außerdem standen sie auf demselben sozialen Niveau wie ihr Publikum.

9.1.3 Die Missionsstrategie

Die Verkündigung an Nichtjuden geschah entweder in der Synagoge oder im privaten Rahmen.[52] Im Zusammenhang der Arbeitstätigkeit waren andere Arbeiter sowie Kunden ansprechbar. Bei Einladungen oder im Wirtshaus konnte das Evangelium erzählt werden.

War eine kleine Gemeinde entstanden, kam es auch zu größeren Missionsreden an jene, die von anderen Christen eingeladen wurden.

Nicht zu unterschätzen ist die Wirkung von Wundern, die Paulus für Kennzeichen eines Apostels hält (1Thess 1,5; 1Kor 2,4 f.; 2Kor 12,12; Röm 15,18 f.), auch wenn diese Machttaten von ihm als sekundäre Elemente seiner Verkündigung gewertet werden.

9.2 Die Mission auf Zypern

9.2.1 Die Reiseroute

Von Antiochia bzw. der 25 Kilometer entfernten Hafenstadt Seleukia aus nahmen Barnabas und Paulus ein Schiff und kamen auf die Insel Zypern (Apg 13,4). Ihr Begleiter war Johannes Markus (Apg 13,5), der Neffe des Barnabas (Kol 4,10), den dieser aus Jerusalem mitgebracht hatte (Apg 12,25).

Die Wahl Zyperns als erste Station der Reise lag aus mehreren Gründen nahe: Die Insel war leicht zu erreichen und hatte eine starke jüdische Minderheit. Man konnte also mit einer gewissen Anzahl von Gottesfürchtigen rechnen. Zudem waren zuvor schon einige Christen nach Zypern gegangen (Apg 11,19). Entscheidend wird aber gewesen sein, dass Barnabas und Johannes Markus verwandtschaftliche Beziehungen dorthin hatten (Apg 4,36). Die Gesandtschaft konnte also an einem oder mehreren Orten damit rechnen, Gastfreundschaft zu finden.

---

52 Vgl. dazu W. REINBOLD, Propaganda und Mission im ältesten Christentum. Eine Untersuchung zu den Modalitäten der Ausbreitung der frühen Kirche, FRLANT 188, Göttingen 2000, 197–206.

Die Schiffsreise führte in die Stadt Salamis im östlichen Teil der Insel, der damals zweitwichtigsten Siedlung (13,5). Sie war eine bekannte Hafenstadt und ein Zentrum des ptolemäischen Bevölkerungsanteils auf Zypern. Wahrscheinlich wohnten dort auch viele Juden. Lukas deutet das an, da er von mehreren Synagogen ausgeht. Im Jahr 116 n. Chr. war Salamis das Zentrum des jüdischen Aufstands auf Zypern (Dio Cassius, Historia 68,32,2 f.). Barnabas und Paulus begegneten also vielen Juden, hatten aber auch die Möglichkeit, ihr eigentliches Zielpublikum anzusprechen, die heidnischen Sympathisanten der Synagogen.

Allerdings berichtet Lukas nicht über Missionserfolge. Diese fehlen auch für die anschließende Reise an der Südküste Zyperns entlang, die die Apostel durch Städte wie Cition, Amathus und Courion führte.

Am Ende dieses Weges, im Westen der Insel, lag Paphos, das eigentlich aus zwei Städten bestand: Alt (Palaia) Paphos mit dem Tempel der Aphrodite und Neu (Nea) Paphos, die Provinzhauptstadt. Palaia Paphos wird in der Apostelgeschichte nicht erwähnt. Wahrscheinlich besuchten Barnabas und Paulus auch nicht den Tempel, der als touristische Attraktion galt.

Ausführlich berichtet Lukas hingegen über den Auftritt von Barnabas und Paulus in Nea Paphos (Apg13,6–12). Dort begegnen die beiden Missionare dem Statthalter Sergius Paullus und einem jüdischen Magier namens Barjesus bzw. Elymas.

Barnabas und Paulus treten in eine Konfrontation mit Barjesus Elymas, der zum Umfeld des römischen Prokonsuls gehört. Letzterer lässt die Missionare zu sich rufen, da er anscheinend von ihrer Botschaft gehört hat. Dort stellt sich ihnen Barjesus Elymas, der anscheinend um seine Stellung fürchtet, in den Weg. In einem Wettstreit siegt Paulus, indem er den »Magier

Abb. 9: Geburt der Venus, Sandro Botticelli (um 1482)

und Pseudopropheten« (Apg 13,6) mit einer zeitweiligen Blindheit schlägt. Sergius Paullus aber »glaubte, erstaunt über die Lehre des Herrn« (Apg 13,12). Barnabas tritt in dieser Erzählung ebenso wie Johannes Markus in den Hintergrund.

9.2.2 Der römische Statthalter Sergius Paullus

Die Familie der Paulli – man schreibt sie anders als Lukas mit zwei l – aus dem Geschlecht der Sergier war eine bekannte römische Sippe. Leider nennt Lukas den Vornamen des Statthalters nicht. Uns sind nur wenige Statthalter auf Zypern bekannt, aber wir besitzen wenigstens eine Inschrift, die einen Quintus Sergius (Paullus) nennt (IGRR III No. 935 = SEG XX No. 302).[53] Der Text enthält auch den Hinweis auf einen Kaiser, der Gaius Caligula (37–41 n. Chr.) oder Claudius (41–

53 Zypern war übrigens keine besonders beliebte Provinz, da sie relativ arm und klein war und auch keine militärischen Meriten zu erringen waren.

54 n. Chr.) sein könnte. Da ersteres wahrscheinlicher ist,[54] handelt es sich wohl nicht um Quintus Sergius, dem Barnabas und Paulus begegneten. Wir besitzen allerdings auch Nachrichten über die politische Karriere eines anderen Mitglieds des Geschlechts der Sergii Paulli mit Namen Lucius Sergius Paullus, einem Bruder des Quintus. Er wirkte in den 40er-Jahren als Verwalter des Tiberflusses in Rom. Spätestens nach 47 könnte er als Prokonsul auf Zypern residiert haben; allerdings hätten wir dann dafür nur das Neue Testament als Beleg. Die Angabe in der Apostelgeschichte scheint aber mit dem Bericht über die Zypernmission ursprünglich verbunden gewesen zu sein, sodass eine nachträgliche Korrektur durch Lukas unwahrscheinlich ist. Man kann daher von einer Begegnung des Lucius Sergius Paullus mit Barnabas und Paulus ausgehen.[55]

9.2.3 Der jüdische Magier Barjesus Elymas

Lukas führt für den jüdischen Magier zwei Namen an. In 13,6 nennt er ihn Barjesus, in 13,8 Elymas. Letzteres ist die griechische Wiedergabe des aramäischen Wortes für »Traumdeuter«. Ersteres ist ein Hinweis auf den Namen des Vaters. Barjesus bedeutet »Sohn des Jesus«, wobei hier selbstverständlich nicht Jesus von Nazareth gemeint ist. Die Tatsache, dass Lukas zwei verschiedene Namen für die Gegenfigur des Paulus verwendet, lässt sich auf die Zusammenführung von zwei ähnlichen Geschichten zurückführen. Beide hatten eine Konfrontation des Paulus mit einem Magier

---

54 So etwa MITFORD, Cyprus 1300; anders W. ECK, Art. Q.S. Paullus, in: DNP XI, 456.

55 Übrigens ist auffallend, dass Paulus vor dieser Begegnung von Lukas nur als Saul bezeichnet wurde, danach aber als Paulus. Hat die Namensgleichheit dazu beigetragen?

zum Inhalt, bei der Barnabas wahrscheinlich keine Rolle spielte.[56]

Der Prokonsul Sergius Paullus reagiert nicht auf die Blendung seines Hofmagiers, und Zypern spielt keine Rolle.[57] Es ist darum nicht anzunehmen, dass diese Geschichte um den Magierwettstreit mit Barnabas und der ersten Missionsreise zusammenhängt.

9.2.4 Der geringe Erfolg der Zypernmission

Lukas berichtet, dass Sergius Paullus glaubt und sich über die Lehre verwundert. Das ist zurückhaltend formuliert, denn eine Taufe wird nicht erwähnt. Sie wäre bei einem römischen Spitzenfunktionär auch nicht wahrscheinlich gewesen, da sie zu großen Problemen geführt hätte. Ein gewisser Erfolg des Barnabas und Paulus lässt sich trotzdem vermuten, denn ihre nächste größere Station ist Antiochia in Pisidien. Diese Stadt war der Familiensitz der Sergii Paulli. Möglicherweise hatte der zypriotische Statthalter sie dorthin geschickt und ihnen Empfehlungsbriefe mitgegeben. Anders ist die an Zypern anschließende Reiseroute kaum zu erklären.

Es fällt auf, dass Lukas von keinerlei anderen Ergebnissen der Missionstätigkeit berichtet. Auch in der späteren kirchlichen Überlieferung lässt sich eine frühe Verwurzelung des Christentums auf Zypern nicht

---

56 Eine ähnliche Geschichte über eine Auseinadersetzung mit einem Magier erzählte Lukas über Petrus (Apg 8,18–24).

57 Vielleicht trug zur Verknüpfung der Konfrontation zwischen Paulus und dem Magier mit Zypern auch eine traditionelle Überlieferung bei, nach der jüdische Zauberer auf der Insel auftraten. Josephus berichtet von einem solchen namens Atomos, der mittels eines Liebeszaubers Drusilla, die Schwester Agrippa des Zweiten, und Felix, den Statthalter von Judäa, verband (Antiquitates 20,142). Auch Plinius, Naturalis historia 30,2,11, berichtet von zypriotischen Magiern.

Abb. 10: Inschrift aus Zypern, die Quintus Sergius Paullus erwähnt (1. Jh. n. Chr.)

nachweisen.[58] Anscheinend hatten die Missionare in dieser ersten Phase ihrer Reise nicht sehr viel Erfolg.

9.3 Die Mission im pisidischen Antiochia

9.3.1 Die Anreise

Von Paphos aus, das ebenfalls einen Hafen besaß, geht es nördlich übers Meer nach Perge (Apg 13,13). Perge lag in der Landschaft Pamphylien und war eine blühende Stadt, was viele Ausgrabungen zeigen. Allerdings halten sich Barnabas und Paulus dort nicht lange auf, sondern wandern weiter nach Norden. Johannes Markus allerdings trennt sich von den Aposteln

58 Erst beim Konzil von Nizäa (325) begegnen Bischöfe aus Zypern, alles Frühere ist christliche Legendenbildung, zum Teil in Bezug auf Barnabas. Aus dem 4. Jh. stammen auch die ältesten Funde christlicher Basiliken.

(Apg13,13), was Paulus später als Verrat an der Evangeliumsverkündigung wertet (Apg 15,38). Die Gründe für den Weggang sind unklar. Nahe liegend wäre, dass die Missionsreise zu Beginn auf Zypern beschränkt war und Johannes Markus die geographische Ausweitung, die sich anschließend vollzog, nicht mitmachen wollte.

Barnabas und Paulus reisten von Perge aus weiter nordwärts auf die anatolische Hochebene (ca. 1000 Höhenmeter). Dabei benützten sie wohl eine Römerstraße, die westlich des Egridir-Sees verlief. Nach einem Marsch von ca. 14 Tagen erreichten sie das pisidische Antiochia (Apg 13,14).

9.3.2 Die Stadt

Wie das syrische Antiochia war auch diese Stadt nach einem Antiochus benannt, zur Unterscheidung von der großen Metropole des Ostens aber als »pisidisch« bezeichnet worden. Tatsächlich lag Antiochia nicht in Pisidien (so Plinius, Naturalis historia 5,24,94), sondern auf der phrygischen Seite des Grenzgebietes zwischen Phrygien und Pisidien (Strabo, Geographica 12,6,4; 8,14).

Seit dem Jahr 25 v. Chr. war die von den Seleukiden im 3. Jh. v. Chr. gegründete Stadt eine römische Kolonie. Als solche trug sie den römischen Namen Colonia Caesarea Antiochia und hatte einen starken italienischen Bevölkerungsanteil. Vor allem ehemalige Legionäre waren dort angesiedelt worden.[59]

Zur Zeit des Paulus erlebte die Stadt eine Blüte, da sie sich zum Abbild Roms in Kleinasien aufschwang.

---

59 Auch die später besuchten Städte Lystra und Ikonion sind solche Kolonien, wie überhaupt Paulus ein Faible für Kolonien hatte. Philippi und Korinth hatten ebenfalls diesen Status.

Das bedeutete große Investitionen in die Bebauung, aber auch eine enge Bindung an die Verhältnisse in Rom. Ein besonderes Schwergewicht wurde auf die Kaiserverehrung gelegt. Noch heute sieht man die Überreste einer monumentalen Tempelanlage für den Kaiserkult.[60] Diese Anlage lehnte sich konzeptionell an den Tempel für Mars Ultor in Rom an, war aber wahrscheinlich Augustus gewidmet. Zum Tempel führte eine prächtige Kolonadenstraße. Das Tempelareal wurde durch einen Portikus betreten, der die römische Herrschaft als Sieg über die Barbaren und als Friedensgarant propagierte. Der dahinter liegende Tempel war dem »Imperator Caesar Augustus, Sohn eines Gottes« (IMP CAES[ARI DI]VI [F A]VGVSTO) gewidmet. Die Anlage entstand wahrscheinlich vor dem Todesjahr des Augustus (14 n. Chr.) und stand zur Zeit, als Barnabas und Paulus in Antiochia waren, in ihrer Blüte. Die Stadt war das Zentrum der Kaiserverehrung im Süden der Provinz Galatien.

Eine Verbindung zu Zypern bestand durch die Familie der Sergii Paulli, die in Antiochia ihren Sitz hatte und zur Führungsschicht der Stadt gehörte. Es ist daher wahrscheinlich, dass Barnabas und Paulus wegen ihrer Bekanntschaft mit dem Prokonsul von Zypern nach Antiochia gingen. Die Städte an der Küste wie Perge oder Side waren nämlich viel leichter zu erreichen und hatten einen stärkeren jüdischen Bevölkerungsanteil. Dass die Wahl dennoch auf den Süden der Provinz Galatien fiel, ist wohl auf die Begegnung in Paphos zurückzuführen. Möglicherweise hatte Lucius Sergius Paullus den Aposteln auch einen Empfehlungsbrief mitgegeben.

60 Vgl. dazu S. MITCHELL/M. WAELKENS, Pisidian Antioch. The Site and its Monuments, London 1998, 113–173.

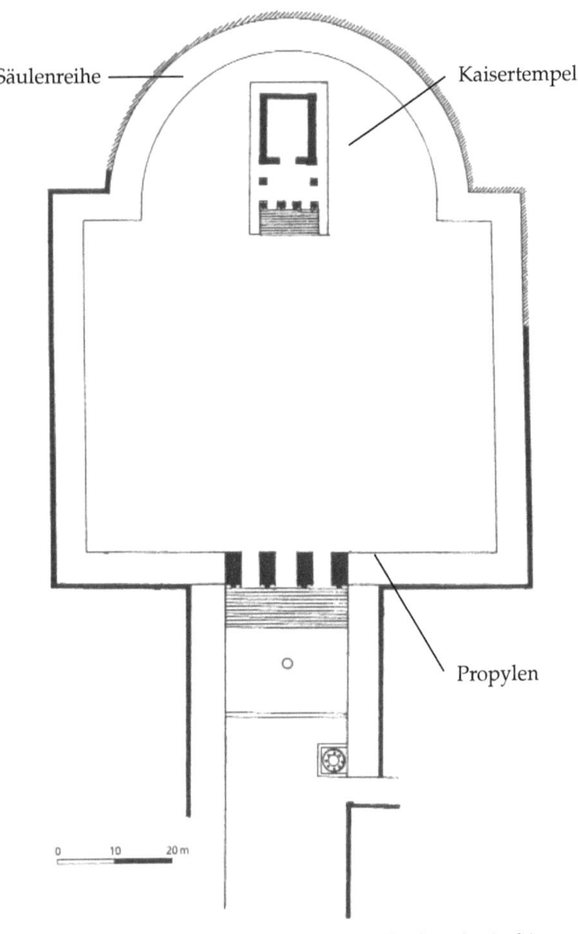

Abb. 11: Grundriss der Tempelanlage im pisidischen Antiochia

Für Antiochia sind Juden nur durch die Apostelgeschichte belegt. Sie waren Nachkommen jener Juden aus Babylonien, die Antiochus III. Ende des 3. Jh. v. Chr. in Phrygien und Pisidien angesiedelt hatte (Josephus, Antiquitates 12,147–153).

9.3.3 Der Auftritt von Barnabas und Paulus

Lukas erzählt in Apg 13,14–50 davon, dass Barnabas und Paulus direkt in die Synagoge gehen und am Sabbatgottesdienst teilnehmen. Nach der Lesung der Tora und der Propheten werden die Besucher gebeten, eine Predigt zu halten. Selbstverständlich ist es Paulus, der das übernimmt, da Barnabas in der Apostelgeschichte in seinem Schatten steht. Dies wird von Lukas schon vorher deutlich gemacht. In Vers 13 heißt es über die kleine Gruppe (Johannes Markus ist noch dabei): »Paulus und die um ihn waren«. Daher verwundert es nicht, dass Paulus eine fulminante Rede im Synagogengottesdienst hält (Verse 17–41). Sie wendet sich sowohl an die Juden als auch an ihre heidnischen Sympathisanten.

Wie zuvor Stephanus (Apg 7) blickt auch Paulus zurück auf die Geschichte Gottes mit seinem erwählten Volk Israel. Sie hat sich auf den Messias Jesus hin entwickelt (Vers 23), in dem sich die Verheißungen erfüllten, vor allem aber das Wunder der Auferweckung (Verse 30–37). Durch Jesus sei nun die Vergebung der Sünden möglich, die Rechtfertigung durch Glauben, nicht durch das Gesetz des Mose (Verse 38–39). Nun müsse man diese Botschaft auch annehmen, denn sonst werde man gerichtet (Verse 40–41).

Diese Rede, in der Lukas jüdische und christliche Traditionen kongenial verknüpft, hat Paulus mit Sicherheit nicht gehalten.[61] Lukas hat sie wie auch die anderen Reden seines Werkes so gestaltet, dass sie seiner Einschätzung der historischen Situation entsprach.

---

61 Darauf weisen die sprachlichen Eigenheiten und die inhaltliche Ausprägung hin; vgl. dazu A. WEISER, Die Apostelgeschichte, ÖTK 5/2, Gütersloh/Würzburg 1985, 324–329.

Viel eher hat Paulus versucht, in Gesprächen die Gottesfürchtigen für die neue Botschaft zu gewinnen, den offenen Konflikt mit der jüdischen Gemeinde dagegen nicht provoziert. Die Predigt ist inhaltlich zudem nur auf Juden ausgerichtet, als ob die Heiden nicht im Blickfeld wären.

Im Bericht des Lukas kommt es zunächst nicht zu einem Vorgehen der Juden gegen Paulus und Barnabas. Überraschender Weise erzählt Lukas davon, dass Barnabas und Paulus gebeten werden, am nächsten Sabbat erneut zu predigen; dass sogar viele Juden und Proselyten ihrer Botschaft zustimmen (Verse 42–43). Und so kommt zum nächsten Synagogengottesdienst »fast die ganze Stadt« (Vers 44), um Paulus erneut zu hören.

Der große Zuspruch, der nun auch von den Heiden kommt, erregt allerdings das Missfallen der Führer der Synagoge (Vers 45). Lukas greift damit ein Thema auf, dass einem historischen Sachverhalt entspricht. Der Erfolg der paulinischen Mission unter Heiden bedeutete nämlich einen partiellen Wegfall der Unterstützung von Außenstehenden für die Synagoge. Unter denjenigen, die sich für den jüdischen Glauben und seine Ethik interessierten, waren auch einige angesehene und vermögende Personen. Sie gewährten finanzielle Zuschüsse und setzten sich in der Stadt für jüdische Anliegen ein. Wie für jeden antiken Verein waren solche Leute auch für die Synagoge wichtig. Diese Unterstützer warben die Christen von der jüdischen Gemeinschaft ab. Ein derartiges Vorgehen hat neben inhaltlichen Differenzen zu den Konflikten zwischen Synagoge und christlicher Gemeinde beigetragen, freilich unter der Voraussetzung einer bereits geschehenen Trennung. Da die neuen Gemeinden sich nach der Muttergemeinde im syrischen Antiochia richteten, ist die Trennung auch für das pisidische Antiochia anzunehmen.

Paulus und Barnabas – nun reden beide – akzentuieren ihre Verkündigung angesichts des aufbrechenden Widerstands von jüdischer Seite neu. Den Juden sagen sie mit beißender Ironie, dass diese sich selbst nicht des ewigen Lebens für würdig erachteten. Sie hätten das Heil von sich gestoßen (Vers 46). Zwar wäre es für sie bestimmt gewesen, nun aber ginge die Verkündigung auf die Heiden über (Verse 46–47). Lukas bringt damit einen Gedanken an, den er im Laufe der Apostelgeschichte noch zweimal artikuliert: Dem jüdischen Widerstand gegen das Evangelium folgt die Wendung zu den Heiden (18,6; 28,25–28).[62]

Das entspricht jedoch nicht der paulinischen Sicht. Nach Gal 2 besteht der Auftrag zur Mission an Israel weiterhin, nur wird er eben von den Jerusalemern wahrgenommen. Das Evangelium wurde den Juden zuerst, dann aber auch den Griechen geschenkt (Röm1,16). Dass dem Volk Israel die Heilsbotschaft genommen werden soll, ist für Paulus bei aller Verbitterung, die er über die Ablehnung unter den Juden erfuhr, undenkbar.[63]

62 Zuvor hatte bereits Jesus prophetisch darauf hingewiesen. Anlässlich seiner Antrittspredigt – im Übrigen eine Parallele zu jener des Paulus im pisidischen Antiochia – verweist er auf die Propheten Elia und Elischa, die in Israel abgelehnt wurden und unter Heiden Wunder bewirkten (Lk 4,25–27); vgl. dazu M. ÖHLER, Elia im Neuen Testament. Untersuchungen zur Bedeutung des alttestamentlichen Propheten im frühen Christentum, BZNW 88, Berlin/New York 1997, 182 f.

63 Für die heutige Frage nach einer Israelmission ist neben den neutestamentlichen Texten allerdings auch die Schuld beladene Geschichte der Kirche mit zu bedenken, die eine Mission an Israel fraglich macht.

Nach Lukas haben Barnabas und Paulus mit diesem Vorgehen allerdings Erfolg (Verse 48–49). Neben den zuvor gewonnenen Juden und Proselyten kommen nun auch die Heiden zum Glauben. Diese zu gewinnen war das eigentliche Ziel der Reise. Es ist den Missionaren gelungen; schon ein solcher Bericht über die Verkündigungstätigkeit setzt das voraus. Zudem ist der Galaterbrief wahrscheinlich unter anderem an die Gemeinde im pisidischen Antiochia gerichtet.[64]

Wenn auch davon auszugehen ist, dass Barnabas und Paulus in Antiochia einen gewissen Erfolg hatten, so blieben sie doch nicht lange. Lukas berichtet: »Die Juden aber erregten die anbetenden vornehmen Frauen und die Ersten der Stadt und erweckten eine Verfolgung gegen Paulus und Barnabas und sie vertrieben sie aus ihren Grenzen. Sie aber schüttelten den Staub von ihren Füßen gegen sie ab und kamen nach Ikonion.« (13,50–51)[65]

Die Synagogenmitglieder, die mit der Botschaft der Apostel und deren Auswirkungen nicht einverstanden sind, benutzen also ihre Kontakte, um die Störenfriede loszuwerden. Zu den Ansprechpersonen gehören offenbar – das ist historisch plausibel – angesehene Frauen, die mit der jüdischen Religion sympathisierten. Es kam häufig vor, dass Frauen unter den Gottesfürchtigen waren, wie etwa aus Nachrichten bei Josephus (Bellum 2,560) oder aus Inschriften (MAMA VI No. 264) ersichtlich ist. Im Falle von Antiochia setzten sie sich vor ihrer Bekehrung für die Synagoge ein.

---

64 Zu den Adressaten des Galaterbriefes werden wir später noch mehr auszuführen haben.

65 Die Geste des Staubabschüttelns nimmt jesuanische Weisungen auf (Lk 9,5; 10,11).

Barnabas und Paulus wurden von den römischen Stadtoberen vertrieben, zu denen möglicherweise auch Angehörige der Familie der Sergii Paulli gehörten. Als formaler Anlass genügte die Beschwerde der Synagoge, denn diese hatte eine bessere gesellschaftliche Stellung als wandernde Missionare. Unruhestiftung, vielleicht auch Widerspruch gegen die Kaiserverehrung waren Gründe, um Barnabas und Paulus hinauszuwerfen. Um den Weiterbestand der Gemeinde trotz des Widerstands klar zu machen, betont Lukas abschließend: »Die Jünger aber wurden mit Freude und Heiligem Geist erfüllt.« (13,52)

Während wir über die Ereignisse auf Zypern nicht viel wissen, lässt sich aus Apg 13 unter Berücksichtigung der paulinischen Selbstzeugnisse zweierlei über die Mission in Antiochia erschließen:

- Die Verkündigung richtete sich an gottesfürchtige Heiden und ihr Umfeld und war erfolgreich. Eine Gemeinde entstand.
- Die Apostel stießen wegen des Erfolgs auf Widerstand der jüdischen Synagoge und der Stadtverwaltung.[66]

Fraglich bleibt, welche Rolle Barnabas in dieser Geschichte spielte. Bei Lukas bleibt er im Hintergrund, schweigt oder wird an zweiter Stelle genannt. Dagegen erheben sich allerdings Zweifel. War es nicht Barnabas, der im syrischen Antiochia an erster Stelle der Gemeinde stand (Apg 13,1)? Stand nicht auch die erste Missionsstation Zypern seiner Herkunft beson-

66 Das wird auch in dem etwa zeitgleich mit der Apostelgeschichte entstandenen 2. Timotheusbrief berichtet, in dem der fingierte Paulus von Verfolgungen und Leiden in Antiochia, Ikonion und Lystra schreibt (3,11).

ders nahe (Apg 4,36)? Oder bedeutete die plötzliche Abreise des Johannes Markus (Apg 13,13), dass Paulus nun die Führungsrolle innehatte? War Paulus der bessere Prediger? Die weiteren Missionserzählungen in Apg 14 werden uns helfen, das Zusammenspiel von Barnabas und Paulus besser zu verstehen.

9.4 Die Mission in Ikonion

Aus dem pisidischen Antiochia vertrieben, machten sich Barnabas und Paulus auf den Weg in die nächste römische Kolonie, Ikonion. Sie folgten dabei wieder einer kaiserlichen Straße. Als Dauer muss man für die 150 km mit ca. 14 Tagen rechnen, je nachdem, wie lange die Apostel dazwischen Halt machen mussten.

Ikonion, die heutige Großstadt Konya, lag in der Landschaft Lykaonien und bestand zu dieser Zeit eigentlich aus zwei Städten, einer hellenistischen Polis und einer römischen Kolonie. Die beiden Corpora waren nicht geographisch getrennt, sondern lediglich institutionell. Auf der einen Seite waren die schon lange hellenisierten Nachkommen der phrygisch-lykaonischen Bevölkerung, auf der anderen die römischen Kolonisten. Beide hatten eigene Münzen und Stadtorganisationen. Die Juden waren Nachkommen der im 3. Jh. v. Chr. gekommenen Siedler und standen eher auf der Seite der Griechisch sprechenden Bevölkerung.

Lukas berichtet über den Aufenthalt von Barnabas und Paulus: »Es geschah aber in Ikonion, dass sie zusammen in die Synagoge der Juden gingen und so redeten, dass eine große Menge, sowohl von Juden als auch von Griechen, glaubte. Die Juden aber, die nicht gehorchen wollten, reizten und erregten die Seelen der Heiden gegen die Brüder. Sie verweilten nun lange Zeit und sprachen freimütig im Herrn, der dem Wort seiner Gnade Zeugnis gab, indem er durch ihre Hände Zeichen und Wunder geschehen ließ. Die Menge der Stadt aber war entzweit, und die einen waren mit den Juden, die anderen mit den Aposteln. Als aber ein heftiges Bestreben entstand, sowohl von den Heiden als auch von den Juden samt ihren Obersten, sie zu misshandeln und zu steinigen, entflohen sie, als sie es bemerkten, in die Städte von Lykaonien, Lystra und Derbe, und die Umgebung.« (Apg 14,1–6)

Die Geschichte ist eine Kurzversion des Berichts aus Antiochia: Predigt in der Synagoge, Erfolge bei Juden und Heiden, Widerstand der Juden, die wiederum die Obersten aufhetzten, sodass Paulus und Barnabas die Stadt verlassen müssen. Ein neues Element ist die Steigerung der Anfeindung – Paulus und Barnabas sollen gesteinigt werden und müssen flüchten.

Neu an diesem Bericht ist aber auch die Spaltung der Stadt, die in einer eigenartigen Korrespondenz zur verwaltungstechnischen Zweiteilung Ikonions steht. Waren es auf der gesellschaftlichen Ebene Griechen und Römer, so sind es im Blick auf die christliche Verkündigung heidnische Anhänger der Juden bzw. der Apostel. Ob die hellenistischen Phrygier und Lykaonier auf der Seite der Synagoge und die Römer auf der der Apostel standen, ist nicht mehr zu rekonstruieren. Das abrupte Ende des Aufenthalts in Ikonion bedeutete aber nicht, dass das Christentum dort nicht Fuß fassen konnte. Wahrscheinlich entstand dort eine Gemeinde, da Timotheus laut Apg 16,2 bei den Christen Ikonions angesehen war.[67]

67 Ein Teil der apokryphen Paulusakten (3,1–25.41–43) spielt in Ikonion: Paulus bekehrt dort Thekla, die dann auf wundersame Weise dem Martyrium entrinnt.

9.5 Die Mission in Lystra

9.5.1 Die Stadt Lystra

Von Ikonion aus war es nicht weit nach Lystra, ca. 30 km, also eine gute Tagesreise. Wie Ikonion und das pisidische Antiochia war auch Lystra eine römische Kolonie, allerdings viel unbedeutender als die beiden anderen Orte. Auch in Lystra war der lykaonische Bevölkerungsanteil recht groß. Nach Apg 14,11 sprachen die Menschen nach wie vor Lykaonisch neben Griechisch,[68] während die Römer natürlich Latein verwendeten. Aus Lystra stammte vielleicht Timotheus (Apg16,1). Dort endete übrigens auch die Römerstraße, der Barnabas und Paulus bis dahin folgten.

9.5.2 Der Auftritt von Barnabas und Paulus

Die Geschichte vom Wirken des Paulus und Barnabas in Lystra, die Lukas in Apg 14,8–20 erzählt, gehört zu den besonders gelungenen Episoden der Apostelgeschichte. Ein Wunder, die falsche Reaktion darauf, eine Predigt des Paulus und Barnabas und die fast vollzogene Steinigung des Paulus sind die Hauptelemente des Berichts.

Lukas erzählt von einer Wunderhandlung, diesmal von der Heilung eines Gelähmten (Verse 8–10). Eine solche Tat ist historisch denkbar, wenn wir auch das, was immer damals geschah, heute anders interpretieren würden. Paulus versichert aber mehrfach in seinen Briefen, dass Wunder zu seinem Wirken als

---

68 Dies ist durch andere Quellen belegt; vgl. K. HOLL, Das Fortleben der Volkssprachen in Kleinasien in nachchristlicher Zeit, in: Gesammelte Aufsätze zur Kirchengeschichte, II: Der Osten, Tübingen 1928, 240 f.

Apostel gehörten: »Die Zeichen des Apostels sind ja unter euch vollbracht worden in allem Ausharren, in Zeichen und Wundern und Machttaten.« (2Kor 12,12; vgl. 1Thess 1,5; 1Kor 2,4 f.; Röm 15,18 f.)

Was Paulus für Korinth in Anspruch nimmt, galt auch in Lystra und anderen Orten. Wunder begleiteten die Verkündigung. Sie wurden für die anbrechende Endzeit erwartet. Auch die Existenz in Schwachheit wurde als wunderbar gedeutet (2Kor 12,9). Dabei betont Paulus immer wieder, dass diese Zeichen nicht sein eigenes, sondern Gottes Handeln an den Menschen seien.[69]

Lukas ordnet die Heilung des Gelähmten seinem Focus entsprechend Paulus zu. Die Wundertat geschieht in aller Öffentlichkeit. Auf diese Weise entfaltet sie auch eine Wirkung. Das Zeichen soll auf die Botschaft hinweisen, die die Apostel verkündigen.[70] In Lystra, so erzählt die Apostelgeschichte weiter, lief aber alles anders als erwartet: »Als die Volksmengen aber sahen, was Paulus tat, erhoben sie ihre Stimme und sagten auf lykaonisch: Die Götter sind den Menschen gleich geworden und zu uns herabgekommen. Und sie nannten den Barnabas Zeus, den Paulus aber Hermes, weil er es war, der das Wort führte. Der Prie-

---

69 S. ALKIER, Wunder und Wirklichkeit in den Briefen des Apostels Paulus. Ein Beitrag zu einem Wunderverständnis jenseits von Entmythologisierung und Rehistorisierung, WUNT 134, Tübingen 2001, 306, hält für das paulinische Verständnis von Wundern fest: »*Wunder sind von Gott oder mit Gottes Kraft gewirkte, menschliche Möglichkeiten übersteigende Ereignisse.*« Sie sind »integraler Bestandteil seiner gesamten Theologie und Weltsicht«.

70 Auch Lukas ist im Übrigen der Ansicht, dass Gott diese Taten ebenso wie die Verkündigungserfolge bewirkte. Im Rückblick auf die Reise lässt er Barnabas und Paulus darüber berichten,»was Gott mit ihnen bewirkt hätte« (Apg 14,27).

ster des Zeustempels aber, der vor der Stadt war, brachte Stiere und Kränze an die Tore und wollte mit den Volksmengen opfern.« (Apg 14,11–13)

Entgegen dem christlichen Verständnis identifizieren die heidnischen Beobachter die Wundertäter mit Göttern: Zeus und Hermes seien vom Olymp gekommen und hätten sich in verborgener Gestalt unter das Volk gemischt. An der Heilung seien sie erkennbar geworden. Nun müsse man sie anbeten, ihnen Opfertiere und Schmuckkränze bringen.

Diese eigenartige Wendung der Geschichte birgt einiges an Lokalkolorit, das sich näher zu betrachten lohnt. Es handelt sich zum einen um die Zusammenstellung von Zeus und Hermes, zum anderen um die Herabkunft von Göttern in verborgener Gestalt.

9.5.3 Zeus und Hermes

Wie Lukas berichtet, rufen die Bewohner von Lystra auf Lykaonisch Barnabas und Paulus als Zeus und Hermes aus. Hinter den beiden griechischen Götternamen sind hethitisch-luwische Gottheiten zu vermuten (Runt und Tarhunt). In Lykaonien wie im benachbarten Phrygien wurden Zeus und Hermes häufig gemeinsam verehrt, was durch Inschriften belegt ist.[71] Auch sonst begegnet dieses Götterpaar gemeinsam.

Zeus, in römischer Benennung Jupiter, war der höchste Gott des griechischen Pantheons. Er galt als Vater der Götter und Menschen und trug auch den Titel »Höchster« (Hypsistos).[72] Seine Verehrung war weit

71 Vgl. dazu BREYTENBACH, Paulus 32 f., mit Abbildungen der Inschriften im Anhang.

72 In jüdischer und christlicher Tradition wurde dieser Titel für JHWH verwendet (vgl. etwa Apg 16,17), sodass eine Anknüpfung an die heidnische Zeus-/Jupiterverehrung vorgenommen werden konnte.

Abb. 12: Zeus, Rom (Hadrianische Zeit)

verbreitet, was durch die vielen verschiedenen Anrufungen deutlich wird, die überliefert sind. Für unsere Geschichte ist dabei interessant, dass er auch als Zeus

Abb. 13: Hermes, Rom (Hadrianische Zeit)

Xenios (Zeus des Gastrechts) und Zeus Soter (Zeus der Retter) bezeichnet wurde. Seine Rettermacht brachte ihn in die Nähe zu Asklepios, dem Gott der Heilkunst. Als Göttervater hatte er viele Kinder, neben Apollon, Artemis oder Persephone auch den Hermes. In der Kunst der Kaiserzeit wurde Zeus als bärtiger Mann dargestellt, als Blitzeschleuderer oder thronend. Seine Symbole waren unter anderem der Adler, das Blitzbündel oder das Zepter.

Hermes, in römischer Benennung Merkur, war der Sohn des Zeus und der Maia, dem Göttervater also deutlich untergeordnet. Er galt als jugendliche Gottheit, Hirten- und Botengott zugleich. Er war das Urbild des Herolds und Dolmetschers. In Mysterienkulten spielte Hermes als jener, der in die himmlischen Sphären führen und das Wissen darüber weitergeben kann, eine Rolle (Hermetisches Schrifttum). In der Kaiserzeit wurde Hermes bartlos dargestellt, mit einem Hirten-/Botenstab und einem geflügelten Hut bzw. Stiefeln.

9.5.4 Die Herabkunft der Götter

Legenden über Besuche der Götter bei den Menschen gibt es schon bei Homer. In der Mythologie erscheint etwa Zeus in menschlicher oder tierischer Gestalt, um Frauen zu verführen.[73] Die Vorstellung von der Herabkunft Gottes in Menschengestalt findet sich auch im Alten Testament. In Gen 18 wird vom Besuch dreier Männer bei Abraham berichtet, von denen einer JHWH selbst ist.

Es gibt eine in der Antike sehr bekannte Geschichte, die besondere Parallelen zu Apg 14 aufweist: die Legende von Philemon und Baucis (Ovid, Metamorphosen

73 Als Amphitryon bei Homer, Odyssee 11,266–268; als Schwan bei Euripides, Helena 16–19.

8,611–724). Ovid erzählt in seinem berühmten Werk von einer Begebenheit, die sich in Phrygien zugetragen haben soll, einem Gebiet, das Lykaonien sehr nahe liegt. Demnach habe es dort ein altes armes Ehepaar gegeben, Philemon und Baucis. Die beiden werden eines Tages von Jupiter und Merkur (also Zeus und Hermes) besucht, ohne dass sich die Götter zu erkennen geben. So arm Philemon und Baucis auch sind, sie nehmen die Wanderer bei sich auf, anders als die übrigen Bewohner der Gegend. Plötzlich geschieht ein Wunder: Ihr Weinkrug füllt sich von selbst. Daran erkennen die beiden, dass sie Götter zu Besuch haben, erschrecken und wollen ihnen ihre Gans opfern. Jupiter und Merkur wehren das Opfer ab. Philemon und Baucis sollen vielmehr als einzige von der Sintflut verschont werden, die später alle Bewohner der Stadt vernichtet, da diese die Götter nicht aufgenommen haben. Aus dem einfachen Haus des Ehepaars wird später ein Tempel, wo Philemon und Baucis als Priester und Priesterin dienen dürfen. Als sie starben, seien sie in Bäume verwandelt worden, so Ovid, die man heute noch sehen könne.

Wer die Episode um Barnabas und Paulus in Antiochia las oder erzählt bekam, dachte auch an jene Erzählung von Philemon und Baucis. Ovid schrieb sie in den Jahren 1–8 n. Chr., und sie erreichte bereits im 1. Jh. eine gewisse Popularität. Es ist durchaus möglich, dass auch Lukas und seine Leser und Leserinnen sie kannten.

Die Parallelen sind zahlreich. Beide Geschichten spielen im selben geographischen Raum und berichten über ein verborgenes Auftreten von Zeus/Jupiter und Hermes/Merkur. Beide Male werden die Götter erst auf Grund eines Wunders erkannt. Darauf folgen Erschrecken und das Angebot einer Opferhandlung, die abgelehnt wird. Auch ein Tempel kommt in beiden Geschichten vor. Andererseits sind diese Übereinstim-

Abb. 14: Paulus und Barnabas in Lystra, Jacob Jordaens (1616), Antwerpen

mungen gar nicht so spezifisch, da ähnliche Geschichten über andere Gegenden und andere Götter erzählt wurden. Zudem fehlt in der Apostelgeschichte das Element der gewährten Gastfreundschaft ebenso wie das des Strafgerichts. Außerdem glaubt in Apg 14 das ganze Volk, Zeus und Hermes erkannt zu haben, bei Ovid dagegen nur Philemon und Baucis. Die Annahme, Lukas habe die Geschichte von Barnabas und Paulus nach dem Vorbild von Philemon und Baucis gestaltet, ist daher wenig wahrscheinlich.[74] Immerhin war es ein weit verbreiteter Gedanke, dass Götter unter den Menschen wandeln und sich zu erkennen geben könnten.

74 So aber etwa HAENCHEN, Apostelgeschichte 409; WEISER, Apostelgeschichte I 346.350.

9.5.5 Barnabas und Paulus als Götter

Wenn Barnabas und Paulus als Zeus und Hermes verstanden wurden, so kann das – egal, ob es sich um ein historisches Ereignis oder eine legendarische Erzählung handelt – Auskunft darüber geben, wie das Verhältnis der beiden Missionare zueinander war oder zumindest dargestellt wurde.

Zwischen Zeus und Hermes gab es eine klare Hierarchie. Zeus war der oberste Gott, Vater des Hermes, Retter und Richter; Hermes der Sohn und Bote. Wenn Paulus das Heilungswunder bewirkte, warum wurde dann Barnabas als Zeus angerufen? Zeus war doch der Rettergott, nicht Hermes. Eine mögliche Antwort auf diese Frage ist, dass Lukas den Bericht, den er einer wahrscheinlich schriftlichen Quelle entnahm, von einer Barnabas-Geschichte zu einer Paulus-Geschichte umgestaltete. An einer Nebenbemerkung wird es offensichtlich: Lukas meint selbst, erklären zu müssen, warum Paulus »nur« als Hermes gedeutet wurde. Er fügt daher hinzu: »Weil er es war, der das Wort führte« (Vers 12).

Folgt man dieser Ansicht, dann bestätigt sich hier, was schon hinsichtlich der antiochenischen Gemeinde angedeutet wurde: Die lukanische Darstellung des Verhältnisses zwischen Paulus und Barnabas entspricht wahrscheinlich nicht der historischen. Offenbar verstand zumindest das Publikum in Lystra Barnabas als dem Paulus übergeordnet. Das könnte weiterhin bedeuten, dass Barnabas die Heilung des Lahmen bewirkte; dass sogar schon im pisidischen Antiochia und in Ikonion Barnabas mehr im Vordergrund stand, als es die lukanische Erzählung wiedergibt.

Aber was, wenn die Geschichte wie jene von Philemon und Baucis eine fromme Legende ist, die das wunderbare Auftreten der Apostel unterstreichen will, aber keine historischen Informationen birgt?[75] Dann wird aus dieser Legende jedenfalls deutlich, dass jene, die sie erzählten, Barnabas für die wichtigere Figur hielten. Erst Lukas hätte das umgestellt.

Ich halte es für wahrscheinlich, dass hinter Apg 14,8–13 folgende historischen Ereignisse liegen: Barnabas kam mit Paulus nach Lystra und verkündigte das Evangelium. Irgendwann nach ihrer Ankunft predigten sie auch in einem öffentlichen Rahmen.[76] Dabei vollbrachte Barnabas ein Heilungswunder.[77] Die Anwesenden dachten an einen Besuch der Götter und begannen, Barnabas und Paulus auf Lykaonisch als Zeus und Hermes zu verehren. Dass der Priester eines nahe gelegenen Tempels dabei eine Rolle spielte, ist historisch plausibel.[78] Wie reagierten Barnabas und Paulus auf diese überraschende Wende?

9.5.6 Die Reaktion der Apostel

»Als aber die Apostel Barnabas und Paulus es hörten, zerrissen sie ihre Kleider, sprangen hinaus unter die Volksmenge und schrieen und sprachen: Männer, warum tut ihr dies? Auch wir sind Menschen von gleichen Empfindungen wie ihr und verkündigen euch,

---

75 So etwa HAENCHEN, Apostelgeschichte 416; ROLOFF, Apostelgeschichte 213. Die Historizität wird hingegen vertreten etwa von J. JERVELL, Die Apostelgeschichte, KEK 3, Göttingen 1998, 381; B. KOLLMANN, Joseph Barnabas. Leben und Wirkungsgeschichte, SBS 175, Stuttgart 1998, 45 f.

76 Eine Synagoge gab es in einer Kleinstadt wie Lystra wohl nicht.

77 Die genaue Gestaltung als Heilung eines Lahmen geht vielleicht auf das Konto des Lukas. Die Entsprechungen zur Heilung des Lahmen an der Tempelpforte durch Petrus (Apg 3,1–10) sind zahlreich und passen zur lk. Art, Petrus und Paulus parallel darzustellen. Wir haben das bei der Konfrontation des Paulus mit Barjesus Elymas bereits gesehen (Apg 13,6–12), die sich an jene des Petrus mit Simon Magus anlehnt (8,14–25).

78 Ein vor Lystra gelegener Zeustempel ist jedoch nicht belegt.

von diesen Nichtigen umzukehren zu dem lebendigen Gott, der den Himmel und die Erde und das Meer gemacht hat und alles, was in ihnen ist. Er ließ in den vergangenen Generationen alle Völker ihre eigenen Wege gehen, obwohl er sich doch nicht unbezeugt gelassen hat, indem er Gutes tat, euch vom Himmel Regen und fruchtbare Zeiten gab und eure Herzen mit Speise und Fröhlichkeit erfüllte. Und als sie dies sagten, beruhigten sie mit Mühe die Volksmengen, sodass sie ihnen nicht opferten.« (Apg 14,14–18)

Barnabas und Paulus sind entsetzt, denn was mit ihrer Ausrufung als Götter geschieht, ist Blasphemie. Die Geste des Zerreißens bzw. Anreißens der Kleider ist sowohl im Judentum als auch in der paganen Welt ein Zeichen der Trauer oder der Entrüstung.[79] Barnabas und Paulus distanzieren sich damit aufs Deutlichste von der Verehrung. Bei Lukas folgt auf diese Abwehr eine kurze Predigt. Die Apostel »schrieen«, so heißt es, dass hinter der Heilung keine nichtigen Götzen stünden, sondern der lebendige Gott. Sie weisen also nicht nur die Verehrung ab, sondern greifen die Religion derjenigen, von denen sie gerade noch als Zeus und Hermes akklamiert wurden, frontal an: Ihre Götter sind Nichtse. Die Rede (Verse 15–17) ist eine typisch lukanische Bekehrungspredigt an Heiden. Sie fordert vor allem die Umkehr von den Götzen zu Gott, dem die Menschen Leben und Nahrung verdanken. Jesus

---

79 Vgl. 2 Kön 6,7: Der israelitische König empfindet es als Blasphemie, dass von ihm die Heilung des Naaman erwartet wird. Bekannt ist das Zerreißen der Kleider wegen Gotteslästerung aus den Darstellungen des Prozesses gegen Jesus vor dem Hohen Rat (Mk 14,63 par Mt 26,25). Für den paganen Kontext vgl. Dio Chrysostomus, Orationes 35,9: Wenn jemand zu hoch eingeschätzt wird, soll er sich die Kleider vom Leib reißen und nackt durch die Straßen laufen.

kommt nicht vor; offenbar dachte Lukas, der zur Gestaltung der Predigt traditionelles Material verwendete, dass man Heiden zunächst zum Glauben an den Schöpfer- und Versorgergott bekehren müsse. Die Rede führt dazu, dass sich die Lystrenser vom Opfern abhalten lassen; über einen Bekehrungserfolg schreibt Lukas jedoch nichts.

9.5.7 Der Angriff auf die Apostel

Was Lukas im Anschluss berichtet, zeitlich ein wenig abgesetzt von dem Tumult nach dem Heilungswunder, entspricht dem häufigen Gedanken, dass die Juden für die Verfolgung der Apostel verantwortlich seien: »Es kamen aber aus Antiochia und Ikonion Juden an, und nachdem sie die Volksmengen überredet und Paulus gesteinigt hatten, schleiften sie ihn zur Stadt hinaus, da sie meinten, er sei gestorben. Als aber die Jünger ihn umringten, stand er auf und ging in die Stadt hinein; und am folgenden Tag zog er mit Barnabas aus nach Derbe.« (Apg 14,19 f.)

Abgesehen von der Aufhetzung durch die Juden hat die Gewalt gegen Paulus einige historische Plausibilität. Paulus berichtet selbst davon, einmal gesteinigt worden zu sein (2Kor 11,25). Dabei ist nicht an eine Steinigung zu denken, die als Exekution nach einem Todesurteil stattfindet.[80] Vielmehr handelt es sich um einen Tumult, in dem sich der Volkszorn entlädt. Das

80 Eine solche ist in Joh 7,53–8,11 im Blick und liegt vielleicht auch hinter der Steinigung des Stephanus (Apg 7,54–60), an der nach Lukas auch Paulus mitwirkt. Hier liegt eine gewisse Ironie in der lk. Darstellung: Derjenige, der mitgeholfen hat, Stephanus zu steinigen (allerdings nur als Aufpasser der Kleider), erleidet beinahe dasselbe Schicksal. Die jüdische Regelung der Steinigung findet sich im Mischna-Traktat Sanhedrin 6,1–4.

kommt auch in der paganen Literatur häufig vor, wobei es grundsätzlich nicht um Tötung, sondern um Vertreibung geht, ein möglicher Todesfall jedoch in Kauf genommen wird. Es ist also auch kein »Wunder«, wenn Paulus schreiben kann, eine Steinigung überlebt zu haben.[81] Vielleicht war es jene in Lystra.

Die Steinigung findet, das deutet Vers 13 an, vor den Toren der Stadt statt. Unter Steinwürfen müssen Barnabas und Paulus fliehen und entgehen dabei knapp dem Tod. All das wird sich weniger auf Veranlassung der Juden aus Ikonion, sondern eher als Reaktion auf die Ablehnung der Verehrung als Götter abgespielt haben. Die Lystrenser vertreiben die falschen Götter aus ihrer Stadt und sühnen damit ihren Fehler gegenüber den »wahren« Göttern.

9.6 Die Sackgasse: Derbe

Nur knapp nennt Lukas den vorläufigen Endpunkt der Reise: Derbe. Die kleine Stadt lag etwa 130 km östlich von Lystra auf einem Weg, der zum Taurus-Gebirge hinführte. Derbe gehörte in dieser Zeit nicht zur Provinz Galatien, sondern zum Klientelkönigreich Kommagene. Die Stadt war völlig unbedeutend, wenngleich aus ihr mit Gajus ein Paulusmitarbeiter stammte (Apg 20,4). Warum Paulus und Barnabas ausgerechnet dorthin gingen, lässt sich also nicht mit dem Ort erklären.

---

81 Bei Lukas hat das Ganze aber durchaus wunderhaften Charakter: Paulus steht, während er betrauert wird, auf, geht in die Stadt zurück (!) und reist am nächsten Tag weiter. Die lk. Konzentration auf Paulus ist im Übrigen auch hier zu korrigieren: Wenn schon, dann wird auch – oder sogar: vor allem (?) – Barnabas von den Angriffen betroffen gewesen sein.

Es ist damit zu rechnen, dass es um die Richtung ging, in die sie unterwegs waren. Hinter dem Taurusgebirge lag nämlich die Landschaft Zilizien mit der Stadt Tarsus, der Heimat des Paulus (Apg 9,11; 21,39; 22,3). Von dort konnte man per Schiff ins syrische Antiochia reisen. Es scheint, dass Barnabas und Paulus schlicht und einfach auf dem Heimweg waren. Lukas schreibt allerdings: »Als sie in dieser Stadt das Evangelium verkündet und viele Jünger gewonnen hatten, kehrten sie nach Lystra, Ikonion und Antiochia zurück.« (14,21)

Die beiden gingen den Weg, den sie gekommen waren, wieder zurück. Warum gingen sie nicht nach Zilizien? Das Taurusgebirge war nur über die so genannte »Zilizische Pforte« zu überqueren, ein Pass in etwa 1050 m Höhe.[82] Dies war zwischen Oktober/November und März/April auf Grund der Schneelage nicht möglich. Barnabas und Paulus konnten ihren Plan, über den Taurus nach Tarsus zu gehen, wahrscheinlich wegen der Witterung nicht mehr durchführen. Auch die Rückreise war für etwa drei Monate nicht möglich. Die Wege waren durch Schnee oder Regen kaum passierbar. Sie mussten in Derbe überwintern. Ihren Aufenthalt nützten Paulus und Barnabas wahrscheinlich zur Gründung einer kleinen Gemeinde (14,21; 20,4).

Warum sie aber anschließend den ganzen Weg zurückgingen, ist damit, dass sie den eigentlichen Plan nicht durchführen konnten, noch nicht erklärt. Lukas gibt eine zweite, durchaus glaubwürdige Angabe dazu: »Sie stärkten die Seelen der Jünger und ermahnten sie, im Glauben zu verharren: Wir müssen durch viele Bedrängnisse in das Reich Gottes hineingehen. Als sie ihnen aber in jeder Gemeinde Älteste gewählt hatten,

82 Auch heute führt noch die Autobahn über diesen Pass!

beteten sie mit Fasten und befahlen sie dem Herrn, an den sie gläubig geworden waren.« (14,22 f.)

In den drei Orten, von denen uns Missionsberichte vorliegen, Antiochia, Ikonion und Lystra, waren Gemeinden entstanden. Es ist nahe liegend, dass Barnabas und Paulus diese Gemeinden wieder besuchen wollten. Immerhin hatten sie sie überstürzt verlassen müssen. Später macht Paulus einen ähnlichen Vorschlag und setzt ihn am Beginn seiner zweiten Missionsreise um (15,41–16,5). Aus den Paulusbriefen wird zudem deutlich, dass der Apostel immer wieder die Gemeinden, die er gegründet hatte, besuchte oder es zumindest vorhatte (1Thess 2,17; 1Kor 16,3; 2Kor1,15 usw.). Wenn er selbst nicht kommen konnte, sandte er Boten und schrieb Briefe. Falls der Galaterbrief an jene Gemeinden der ersten Missionsreise gerichtet ist, dann gab es dort noch weitere Besuche (Gal 4,13).

Ging es nur um die Stärkung der Gemeinden? Lukas meint, dass bei dieser Gelegenheit auch Presbyter eingesetzt wurden, projiziert damit aber spätere Verhältnisse in die Frühzeit. Paulus selbst erwähnt in den authentischen Briefen dieses Amt nicht.[83] In der Frühzeit ist ein solches Gremium nur für die Jerusalemer Gemeinde anzunehmen (Apg 11,30; 15,2–23; 21,18). Sie führt damit jüdische Traditionen fort.[84] Es wäre zudem kaum verständlich, warum Paulus und Barnabas nicht sofort Funktionäre eingesetzt hätten. Grundsätz-

---

83 Er nennt aber Bischöfe und Diakone (Phil 1,1; vgl. auch 1Kor12,28).

84 Zu erinnern ist etwa an die oben erwähnte Inschrift einer Synagoge aus Jerusalem (CIJ II 1404): Darin werden Älteste erwähnt, die an der Gründung mitwirkten. Auch die Ältesten des Hohen Rates entsprechen dem System, verdienten Personen auf Grund ihrer Ehrenstellung ein Mitspracherecht zu gewähren.

lich ist aber davon auszugehen, dass sie noch einmal durch die Gemeinden reisten.[85] Möglicherweise sammelten sie bei dieser Gelegenheit auch erste Beiträge für die in Jerusalem versprochene Kollekte ein (Gal 2,10). Paulus spricht davon, dass diese Sammlung »für die Armen« auch in Galatien durchgeführt wurde: »Was die Sammlung für die Heiligen angeht, macht auch ihr es so, wie ich es für die Gemeinden Galatiens angeordnet habe.« (1Kor 16,1) Das kann aber auch bei einer späteren Gelegenheit erfolgt sein, denn Paulus reiste noch zweimal durch diese Gegend (Apg 16,6; 18,23).

9.7 Der Abschluss der Reise

Wenn die Rückreise-Route durch die Unmöglichkeit, über den Taurus zu gehen, und das Bedürfnis, die neu gegründeten Gemeinden zu besuchen, zwar ausreichend motiviert ist, so ist doch die Sicherheitslage zu bedenken. Nach meiner Rekonstruktion wurden Barnabas und Paulus aus all diesen Städten vertrieben. Private Besuche und Treffen außerhalb der Stadt waren damit nicht völlig ausgeschlossen. Dementsprechend berichtet Lukas erst für Perge von einer erneuten Verkündigung: »Und nachdem sie Pisidien durchzogen hatten, kamen sie nach Pamphylien. Und als sie in Perge das Wort geredet hatten, gingen sie hinab nach Attalia.« (Apg 14,24 f.) Der Gang durch Pisidien führte wahrscheinlich auf demselben Weg wie am Anfang der Reise durch die Provinz Galatien hinab zur Südküste Kleinasiens. Dort kamen Barnabas und Paulus in die Landschaft Pamphylien.

---

85 Nach Zypern gehen sie übrigens nicht mehr. Das kann als Hinweis darauf verstanden werden, dass es dort keine Gemeinden gab. Erst in Apg 15,39 kommt die Insel erneut und ein letztes Mal in den Blick.

Erneut machen sie in Perge Station, jener blühenden Stadt, die auch über einen relativ großen jüdischen Bevölkerungsanteil verfügte.[86] Im Gegensatz zum ersten Aufenthalt (Apg 13,13) verkündigen sie nun auch das Evangelium. In der ca. 15 km entfernten Hafenstadt Attaleia, dem heutigen Antalya, nahmen die Apostel schließlich ein Schiff, das sie etwa 500 km weiter ins syrische Antiochia brachte.

In der Gemeinde von Antiochia wird man auf die beiden Missionare gewartet haben. Vielleicht hatte man – vermittelt über Johannes Markus – von den Geschehnissen auf Zypern erfahren; möglicherweise hatten Barnabas und Paulus auch Briefe gesandt. Die Reise hatte ca. eineinhalb Jahre gedauert (46–47 bzw. 47–48) und die Apostel über eine Strecke von ca. 2000 km geführt. Sie konnten folgende Ergebnisse vorlegen:

- An einigen Orten war die Gründung christlicher Gemeinden gelungen.
- Diese Gemeinden hatten sich – zumindest bei einem zweiten Besuch – als beständig erwiesen. Die Bekehrungserfolge waren offenbar von Dauer.
- Wie in Jerusalem vereinbart (Gal 2,9), bestanden die Gemeinden zum größten Teil, wenn nicht sogar ausschließlich, aus Heidenchristen.[87] Die positiven Erfahrungen, die man in der antiochenischen Heimatgemeinde mit der Verkündigung an Heiden gemacht hatte, setzten sich auch in Kleinasien fort.
- Bei der Verkündigung hatte es sich erneut herausgestellt, dass gerade Sympathisanten des Judentums

86 Vgl. dazu etwa 1Makk 15,23; Apg 2,10.

87 Das wird auch durch den Galaterbrief deutlich (Gal 4,8): »Damals jedoch, als ihr Gott nicht kanntet, dientet ihr denen, die von Natur nicht Götter sind.« Das kann nur über Heiden geschrieben sein.

als erste Ansprechpersonen besonders empfänglich für die Botschaft des Evangeliums waren.

- Ging man über den Kreis der mit jüdischer Tradition vertrauten Heiden hinaus, war allerdings Vorsicht angebracht. Missverständnisse werden nicht nur im Extremfall Lystra vorgekommen sein. Das Evangelium war den Heiden eben anders zu vermitteln als den Juden bzw. dem jüdischen Umfeld.
- Entsprechend diesem Profil waren die Gemeinden dieser ersten Missionsreise theologisch wie die antiochenische Gemeinde geprägt. Weder das alttestamentliche Gesetz noch jüdische Ritualvorschriften hatten eine Relevanz. Christus war als derjenige verkündigt worden, der die Auferstehung von den Toten und ein ewiges Leben bei dem *einen* Gott versprach.[88] Als grundsätzliche ethische Orientierung galt das Liebesgebot.[89]
- Die neuen Gemeinden wurden von den Aposteln in die Verpflichtungen genommen, die die antiochenische Kirche gegenüber den Christen von Jerusalem eingegangen war (2,10). Auch in Galatien wurde die Kollekte eingesammelt bzw. vorbereitet.

Für all dies war Barnabas mindestens ebenso verantwortlich wie Paulus. Von außen schien es sogar, dass er die führende Rolle in der Missionspartnerschaft hatte.

---

88 Für die Frage, wie eine Predigt an Heiden ausgesehen haben könnte, wird gerne auf 1Thess 1,9b–10 verwiesen. Der Apostel erinnert die Adressaten daran, »wie ihr euch von den Götzen zu Gott bekehrt habt, dem lebendigen und wahren Gott zu dienen und seinen Sohn aus den Himmeln zu erwarten, den er aus den Toten auferweckt hat – Jesus, der uns errettet von dem kommenden Zorn.«

89 In allen Paulusbriefen, auch in dem ältesten, dem 1Thess, wird die Liebe (Agape) als grundlegendes Verhalten der Christen gefordert (vgl. nur 1Thess 1,3; 3,12; 4,9; 5,8.13).

Man kann diese Zusammenarbeit als Kollegialmission bezeichnen,[90] um damit anzuzeigen, dass es nicht um ein Lehrer-Schüler Verhältnis ging. Es ist eher damit zu rechnen, dass Paulus Barnabas gegenüber in einer Position war, wie sie später Silas oder Timotheus für Paulus einnahmen (Apg 15,40; 16,1–3; 1Thess 1,1; 2Kor 1,19) – als »Juniorpartner«.[91] Der leitende Apostel war jedoch Barnabas.

10. Der erste Streit mit Paulus

Im September 47 oder 48 n. Chr. kehrten Barnabas und Paulus von ihrer langen Reise zurück nach Antiochia. Lukas berichtet im Anschluss daran vom Apostelkonvent, der aber wahrscheinlich vor der Missionsreise stattgefunden hatte. Es ist anzunehmen, dass die Apostel sich nach dieser anstrengenden Reise erholten. Zudem war die Reisezeit ohnehin vorbei. Erst im Frühjahr konnten sie an eine neue Unternehmung denken. Plötzlich kam es jedoch zu einer Auseinandersetzung zwischen Barnabas und Paulus.

10.1 Die lukanische Version des Streits

Lukas erzählt in Apg 15,36 vom Vorschlag des Paulus, die gegründeten Gemeinden erneut zu besuchen. Nichts spricht dagegen, und so stimmt Barnabas diesem Vorschlag zu. Darauf folgt die überraschende Nachricht über den Streit zwischen den beiden Apo-

90 So G. SCHILLE, Die urchristliche Kollegialmission, AThANT 48, Zürich 1967.

91 Die Rolle des Gehilfen hatte wohl Johannes Markus für Zypern inne. Lukas bezeichnet ihn auch mit dem entsprechenden Wort (Apg 13,5).

steln: »Barnabas aber wollte auch Johannes mit dem Beinamen Markus mitnehmen. Paulus aber hielt es für richtig, den nicht mitzunehmen, der aus Pamphylien von ihnen gewichen und nicht mit ihnen gegangen war zu dem Werk. Es entstand nun ein Streit, sodass sie sich voneinander trennten und Barnabas den Markus mitnahm und nach Zypern segelte. Paulus aber wählte sich Silas und zog aus, von den Brüdern der Gnade Gottes befohlen.« (15,37–40)

Es geht also um Johannes Markus. Dieser hatte sich in Pamphylien nach der gemeinsamen Überfahrt abgesetzt und war zurück nach Jerusalem gegangen (Apg13,13). Lukas verwendet in seiner Erzählung dafür das Wort, das sonst für Fahnenflucht gebraucht wurde.

So negativ, wie Johannes Markus hier beschrieben wird, so überraschend ist es, dass Barnabas zu ihm hält. Der Streit führt zur Trennung der Missionspartnerschaft. Barnabas und Paulus reisen in verschiedene Richtungen und nehmen jeweils einen anderen Mitarbeiter mit. Barnabas verschwindet mit seiner Fahrt nach Zypern auch aus der Apostelgeschichte.

10.2 Ein anderer Anlass?

In der Exegese wird hinter dem Streit um Johannes Markus oft eine andere Angelegenheit vermutet, nämlich der so genannte »antiochenische Zwischenfall«. Von diesem berichtet Paulus in Gal 2,11–14. In einer Auseinandersetzung um die Frage der Speisengemeinschaft von Juden- und Heidenchristen stellt sich Barnabas dabei gegen Paulus auf die Seite des Petrus.[92] Für Paulus war das eine wichtige und, weil er

92 Worum es bei diesem Streit genauer ging, werde ich im folgenden Kapitel besprechen.

unterlag, einschneidende Auseinandersetzung. Lukas könnte vermieden haben, auf diese theologisch brisante Differenz einzugehen. Statt dessen hätte er eine andere Ursache genannt, um die Trennung von Barnabas und Paulus zu erklären. Oft wird daher vermutet, es handle sich bei der Auseinandersetzung um Johannes Markus nicht um ein historisches Ereignis.[93]

Allerdings erheben sich gegen diese Interpretation einige Bedenken. Zum einen spricht gegen die These einer lukanischen Fiktion, dass die Umgestaltung einer Auseinandersetzung über die Tischgemeinschaft zu einem Streit über Johannes Markus kaum verständlich ist. Eher wäre dann zu erwarten, dass Lukas den Streit weggelassen hätte. Er hätte die Trennung der Partner aber auch anders erklären können. Zudem geht Johannes Markus laut Apg 13,13 nach Jerusalem zurück, während er in 15,37 wieder in Antiochia ist. Lukas hätte also ziemlich schlampig gearbeitet. Hat er diese Geschichte aber überliefert bekommen, so ist anzunehmen, dass dahinter historische Informationen stecken. Wir dürfen uns das Leben der frühen Christen nicht so vorstellen, dass es keine Streitigkeiten gab. Differenzen wie jene um die Eignung von Mitarbeitern wird es öfter gegeben haben.

10.3 Der Streit und die Folgen

Das Vertrauen, das Barnabas in Johannes Markus setzte, ist gut verständlich. Nach der Notiz in Kol 4,10 waren sie verwandt, sodass Barnabas verpflichtet war, ihn gegen Paulus zu verteidigen. Wie aus dem Kolos-

93 So etwa HAENCHEN, Apostelgeschichte 460; WEISER, Apostelgeschichte II 395, KOLLMANN, Barnabas 56; REINBOLD, Propaganda 105.

serbrief aber auch deutlich wird, waren die Differenzen zwischen Johannes Markus und Paulus nicht so tief, dass sie nicht überwunden werden konnten. Neben dem Streit um einen Mitarbeiter scheint m. E. noch eine weit größere Diskussion stattgefunden zu haben. Sie ist nicht dem Galaterbrief zu entnehmen, sondern der Apostelgeschichte.

Zunächst scheint es nur um einen Besuch bei den Gemeinden zu gehen: Barnabas reist nach Zypern, Paulus nach Derbe und Lystra (16,1) bzw. in das phrygisch-galatische Gebiet.[94] Dann entwickelt sich die Missionsreise des Paulus aber ganz anders weiter. Vom Süden der Provinz Galatien aus geht er nicht zurück nach Antiochia, sondern über Mysien nach Makedonien, um sich dann für eineinhalb Jahre in Korinth niederzulassen (Apg 16,6–18,17). Europa heißt sein eigentliches Ziel. Erst dann kehrt er – nach einem kurzen Besuch in Ephesus – nach Antiochia zurück (18,22).

Aus dieser weiten Reise und der langen Abwesenheit lässt sich schließen, dass Paulus eine Ausweitung des Missionsgebietes von Beginn an vorhatte. Er reiste nicht mehr als Missionar Antiochias, sondern »auf eigene Rechnung«. Barnabas hingegen beschränkte seine Tätigkeit auf Zypern und blieb damit im Einzugsgebiet der antiochenischen Gemeinde. Meines Erachtens kann man aus diesen Differenzen

94 Apg 16,6; 18,23 sind jeweils geographisch nicht eindeutig zu bestimmen; vgl. dazu die Diskussion bei BREYTENBACH, Paulus 113–115. Vielfach wird angenommen, es handle sich dort um einen Hinweis auf die Verkündigung des Paulus in der Landschaft Galatien, dem nördlichen Teil der Provinz Galatien. Dann wäre der Apostel in ein bis dahin von der christlichen Mission unberührtes Gebiet gereist. Allerdings könnte an diesen Stellen auch gerade jener Süden der Provinz Galatien gemeint sein, den die Apostel bei ihrer ersten Reise besucht hatten.

darauf schließen, dass es nicht nur einen Streit um den Mitarbeiter, sondern um die grundsätzliche Konzeption der weiteren Missionsanstrengungen gab: Sollte man weiter ins Gebiet des römischen Imperiums vordringen, vielleicht sogar bis Rom? Oder sollte man die bestehenden Gemeinden konsolidieren und neue Versuche in jenen Gebieten unternehmen, in denen die Mission nicht gelungen war? Ein solcher Dissens würde auch erklären, warum Paulus einen Mann aus Jerusalem, Silas, und einen aus Lystra, Timotheus, als Begleiter mitnahm. Offenbar setzte Antiochia nicht zu viel auf die Pläne des Paulus.

Das bedeutet nicht, dass Paulus mit Antiochia brach. Er kehrte wieder zurück (18,22). Allerdings waren die von ihm auf der zweiten Missionsreise gegründeten Gemeinden nicht mehr an Antiochia gebunden, sondern an ihn persönlich. Er war *ihr* Apostel, sie *seine* Gemeinden: »Bin ich nicht frei? Bin ich nicht Apostel? Habe ich nicht Jesus, unseren Herrn, gesehen? Seid nicht *ihr mein* Werk im Herrn? Wenn ich für andere kein Apostel bin, so bin ich es doch für euch; denn das Siegel *meines* Apostelamtes seid *ihr* im Herrn.« (1Kor 9,1 f.)

11. Der zweite Streit mit Paulus – der antiochenische Zwischenfall

In Gal 2,11–14 berichtet Paulus von einer Auseinandersetzung, in Folge derer er sich gründlich mit Petrus und Barnabas entzweit. Bevor wir uns ansehen können, worum es dabei ging und wie die Position des Barnabas zu verstehen ist, sind einige Vorfragen zu behandeln: Die Frage nach den Adressatinnen und Adressaten des Galaterbriefes, die historische Situation des Paulus und der Adressaten sowie die Frage der Chronologie.

11.1 *Die Adressatinnen und Adressaten des Galaterbriefes*

Die neutestamentliche Forschung ist über die Frage nach der Lokalisierung der Adressaten des Galaterbriefes in zwei Lager gespalten. Auf der einen Seite steht die These, der Galaterbrief sei an die Bewohner der *Landschaft* Galatien gerichtet (deshalb »Landschaftshypothese«). Diese Gegend liegt im Norden Kleinasiens, ihre Hauptstadt war Ankyra (das heutige Ankara). Dafür wird auf Gal 3,1 verwiesen, wo Paulus die Adressaten mit »O ihr unverständigen Galater« anspricht. Dies könne nur wirkliche Galater meinen. Paulus habe auf der zweiten (Apg 16,6) und der dritten (Apg 18,23) Missionsreise bei ihnen Station gemacht. Auf der anderen Seite steht die Annahme, Paulus habe den Galaterbrief an jene Gemeinden geschrieben, die er und Barnabas bei ihrer gemeinsamen Missionsreise (Apg 13 f.) besuchten. Deren Mitglieder waren zwar zum größten Teil nicht vom Stamm der Galater, ihr Gebiet lag aber im Süden der *Provinz* Galatien (daher »Provinzhypothese«). Es gibt Belege, dass alle Angehörigen der Provinz als »Galater« bezeichnet werden konnten.[95] Zudem sind die Angaben in Apg 16,6 und 18,23 für den Süden der Provinz Galatien gut verstehbar.

Eine Entscheidung zwischen diesen beiden Thesen ist nicht leicht, wenngleich sich die Waage in letzter Zeit der Provinzhypothese zuneigt, der auch ich zustimme. Zum einen entspricht diese These der paulinischen Missionspraxis, bei den Gottesfürchtigen zu be-

95 Etwa bei dem römischen Historiker Tacitus (Annalen 13,35; 15,6; Historien 2,9) oder in Inschriften (BMC,Gr I 3563 f. 3567; IK Eph III 715; CIG III 3991).

ginnen. In der *Landschaft* Galatien gab es dagegen nur sehr wenige Juden. Zum anderen ist in der nachpaulinischen Zeit keine Spur des Christentums im Norden zu finden, während es im Süden frühe Belege gibt.[96]

Für unsere Suche nach den Spuren des Barnabas ist diese Frage durchaus wichtig. Paulus schreibt nämlich in Gal 2 nicht über irgendeinen Apostel, sondern über jenen, der mit ihm den Adressatinnen und Adressaten den Glauben verkündigt hat.[97]

11.2 Die Situation des Galaterbriefes

Der Galaterbrief, geschrieben etwa im Jahr 53 aus Ephesus, setzt eine Situation voraus, in der Paulus die heidenchristlichen Adressatinnen und Adressaten davor bewahren will, sich dem Gesetz zu unterwerfen. Offenbar traten Christen auf, die ebendies forderten. Im Brief polemisiert Paulus gegen solche Versuche, verweist auf die von Gott empfangene Heilsbotschaft und macht deutlich, dass eine Unterordnung unter die Tora Heilsverlust bedeutet. In Gal 1 und 2 findet sich ein autobiographischer Abschnitt, in dem die Freiheit vom Gesetz für Heidenchristen als Ansicht der Jerusalemer Gemeindeführung präsentiert wird. Er, Paulus, habe dies gegen Widerstände verteidigt, so wie er es auch jetzt tue. Selbst Petrus, Barnabas und der gesamten antiochenischen Gemeinde habe er darin nicht nachgegeben.

---

96 Vgl. dazu BREYTENBACH, Paulus 168–171.

97 D.-A. KOCH, Barnabas, Paulus und die Adressaten des Galaterbriefs, in: Das Urchristentum in seiner literarischen Geschichte, FS J. Becker, edd. U. Mell/U. B. Müller, BZNW 100, Berlin/New York 1999, 85–105, hat darauf zu Recht hingewiesen. Zu einer Auseinandersetzung mit der Argumentation von KOCH vgl. ÖHLER, Barnabas 27.

11.3 Die zeitliche Einordnung des Konflikts

Für die chronologische Einordnung des antiochenischen Zwischenfalls in die Vita Pauli bieten sich vor allem zwei Möglichkeiten an:

Die frühe Datierung auf das Jahr 48 n. Chr. setzt den Streit nach der Rückkehr vom Apostelkonvent (Apg 15,35), vor der zweiten Missionsreise an.[98] Das bedeutet freilich, dass die erste Missionsreise (Apg 13 f.) vor dem Konvent stattgefunden haben müsste, denn nach diesem Konflikt ist sie wenig glaubhaft. Zudem ist der bei Lukas überlieferte letzte Besuch des Paulus in Antiochia (Apg 18,22 f.) kaum zu halten, es sei denn, Paulus habe sich mit den Antiochenern wieder versöhnt. Darauf gibt es aber keinen Hinweis im Galaterbrief.

Die späte Datierung setzt den antiochenischen Zwischenfall auf diesen letzten Besuch an (Apg 18,22 f.). Davor wäre Paulus zur Missionsreise nach Europa aufgebrochen und im Jahr 52 n. Chr. zurückgekehrt. Nach dem Zwischenfall wäre er nicht wieder nach Antiochia gekommen. Dieser Chronologie werde ich im weiteren folgen.

11.4 Der antiochenische Zwischenfall

Als »antiochenischen Zwischenfall« bezeichnet die neutestamentliche Exegese folgendes Ereignis: »Als aber Kefas nach Antiochia kam, widerstand ich ihm ins Angesicht, weil er verurteilt war. Denn bevor einige von Jakobus kamen, hatte er mit den Heiden gegessen. Als sie aber kamen, zog er sich zurück und sonderte sich ab, da er sich vor den Beschnittenen fürchtete. Und mit ihm heuchelten auch die übrigen Juden, sodass selbst Barnabas durch ihre Heuchelei mit fortgerissen wurde. Als ich aber

98 So etwa SCHNELLE, Paulus 32 f.

sah, dass sie nicht den geraden Weg entsprechend der Wahrheit des Evangeliums wandelten, sprach ich zu Kefas vor allen: ›Wenn du, der du ein Jude bist, wie die Heiden lebst und nicht wie die Juden, wie zwingst du denn die Heiden, jüdisch zu leben?‹« (Gal 2,11–14)

In 2,15–21 setzt Paulus die Rede an Petrus fort, wendet sich aber auch an die Adressatinnen und Adressaten. Er verweist darauf, dass niemand auf Grund der Werke des Gesetzes, sondern nur durch den Glauben an Jesus Christus die Gerechtigkeit empfangen könne. Wenn sich jemand erneut dem Gesetz unterwerfe, und diese Gefahr besteht in den galatischen Gemeinden, sei Christus umsonst gestorben.

Diese Sätze der paulinischen Rechtfertigungslehre bilden den Schlüssel zum Bericht über den antiochenischen Zwischenfall, von dem Paulus durchaus polemisch erzählt. Er tut das in drei Teilen (Verse 11, 12–13 und 14). Am Beginn (Vers 11) weist er darauf hin, wie die Geschichte, die er gleich berichten wird, zu verstehen ist: Er, Paulus, stand aufrecht auf der richtigen Seite, Petrus (Kefas) hingegen auf der falschen. Dieser war verurteilt, wobei hier Gott als Richter im Hintergrund zu denken ist. Paulus scheute den Konflikt nicht, da es um eine wichtige Angelegenheit ging, auch wenn es der angesehene Petrus war, mit dem er sich anlegen musste. Diese Leseanweisung lässt uns erkennen, dass es nicht einfach war, in dieser Auseinandersetzung die richtige Position zu erkennen. Paulus muss deshalb den Adressatinnen und Adressaten vorab deutlich machen, dass sie seine Sicht der Dinge teilen sollten.

11.5 Das Wirken des Barnabas

Für die Zeit zwischen dem ersten Streit des Barnabas mit Paulus und dem antiochenischen Zwischenfall, also ca. 48/49–52 n. Chr., wissen wir über Barnabas nur, dass er gemeinsam mit Johannes Markus nach Zypern reiste. Wahrscheinlich ging es dabei um einen neuen Versuch, dort Gemeinden zu gründen. Das war bei der ersten, gemeinsam mit Paulus unternommenen Reise, nicht gelungen. Auch der zweite Versuch hatte keinen durchschlagenden Erfolg. Zypern spielt auf der frühchristlichen Landkarte erst im 4. Jh. wieder eine kleine Rolle.

Es ist anzunehmen, dass Barnabas nach dem Aufenthalt auf Zypern wieder nach Antiochia zurückkehrte.

11.6. Das Wirken des Paulus

Viel besser sind wir über die Tätigkeiten des Paulus in den Jahren 48/49–52 informiert. Paulus brach nach dem Streit mit Barnabas zu einer neuen Reise auf, zunächst mit dem Jerusalemer Silas (Silvanus). In Lystra stieß auch Timotheus dazu (Apg 16,1–3).[99] Interessanterweise schreibt Lukas in diesem Zusammenhang, dass Paulus Timotheus beschnitten habe. Vielleicht ist das ein Hinweis, dass der Apostel damals die Beachtung von Ritualvorschriften noch nicht als vollständige Unterwerfung unter das Gesetz betrachtete.

Über die bereits gegründeten Gemeinden im Süden der Provinz Galatien führte die Reise des Paulus dann weiter über Mysien nach Troas an die Südwest-Küste Kleinasiens (16,6–8). Von dort reiste die kleine Gruppe nach Europa, wobei die Aufenthalte in Philippi (16,12–40), Thessalonich (17,1–9), Beröa (17,10–14), Athen (17,15–34) und schließlich Korinth (18,1–18) von Lukas ausführlicher beschrieben werden. In Korinth blieb Paulus für mindestens eineinhalb Jahre. Im Frühjahr

99 Zu dieser zweiten paulinischen Missionsreise, in der Paulus erstmals selbst die Führung übernahm, vgl. REINMUTH, Paulus 52–57.

52 brach er zur Rückreise nach Antiochia auf, unterbrach diese Reise aber für einen kurzen Zwischenstopp in Ephesus (18,19–21). Von dort nahm er das Schiff nach Syrien, wobei er diesmal nicht in Seleukia, dem Hafen von Antiochia landete, sondern weiter südlich in Cäsarea (18,22). Lukas deutet hier an, dass Paulus auch in Jerusalem gewesen wäre, doch das ist unwahrscheinlich. Eher reiste er von Cäsarea direkt nach Antiochia zu seiner Heimatgemeinde.

Nach den drei bis vier Jahren kehrte Paulus als veränderter Mann zurück. Er war nicht nur älter geworden, er hatte auch eigenständig Gemeinden gegründet an Orten, die von der syrischen Metropole weit entfernt lagen. Er hatte sich zum selbständigen und erfolgreichen Heidenapostel entwickelt. Die von ihm gegründeten Gemeinden orientierten sich nicht mehr an Antiochia, sondern an ihm selbst. Entsprechend hatte er ihre Struktur und ihr Gemeindeleben so ausgerichtet, wie es seinem theologischen Verständnis entsprach. Ohne Bindung an das Gesetz, allein auf Christus und das jesuanische Liebesgebot gegründet.

11.7 Die Speisengemeinschaft in Antiochia

In Antiochia bestand wahrscheinlich schon vom Beginn an der Grundsatz, dass zwischen Juden- und Heidenchristen volle Tischgemeinschaft bestehen sollte. In der Praxis bedeutete das, dass Judenchristen nicht darauf achteten, ob die Speisen, die Heidenchristen mitbrachten, den jüdischen Reinheitsvorschriften entsprachen.

Juden war der Verzehr von Schweinefleisch oder Fleisch, das unter Anrufung paganer Gottheiten geschlachtet worden war oder noch Blut enthielt (ähnliches galt für Wein, Öl, Feigen, Mehl, sogar Brot) nach Lev 11; 17 f.; Dtn 12,16.23 f.; 14,3–21 bzw. nach späterer Auslegung verboten.[100] Die Einhaltung dieser Verbote galt wie etwa die Beachtung des Sabbats als Identitätsmerkmal Israels. Das war vor allem in der Diaspora wichtig und wurde auch von heidnischen Beobachtern gesehen.[101]

In der Diaspora war es für Juden durchaus üblich, gemeinsam mit Heiden zu essen. Allerdings achteten sie in diesen Fällen darauf, nichts zu essen, was unrein sein konnte und brachten gegebenenfalls eigene Speisen mit. Ein heidnischer Gastgeber musste das akzeptieren. Juden und Heiden konnten Tischgemeinschaft haben, jedoch keine Speisengemeinschaft.

In den christlichen Gemeinden, sowohl in Antiochia wie etwa auch in Korinth, war es Usus, dass solche Regeln nicht beachtet wurden. Heidenchristen und Judenchristen aßen nicht nur vom gleichen Tisch, sondern auch dieselben Speisen. Dies wird aus den Anweisungen deutlich, die Paulus für die korinthische Tischgemeinschaft gibt (1Kor 8–10). Dort hatten einige Christen Probleme damit, Fleisch zu essen, das in Verbindung zu einem paganen Kult stand. Eine einfache Lösung wäre gewesen, dieses Fleisch nicht zu essen und sich stattdessen an eigene Speisen zu halten. Doch Paulus ist es sehr wichtig, dass alle von demselben Essen nehmen. Diese *Speisengemeinschaft* herrschte auch in Antiochia.

100 Für weitere Zeugnisse zu Speisevorschriften und ihre Bedeutung jenseits rabbinischer Regeln vgl. etwa Jdt 10,5; 12; Dan 1,8–12; Jubiläenbuch 22,16; Joseph und Aseneth 3,1; 3Makk 3; Josephus, Vita 13 f.; Röm 14,1 f.

101 Tacitus, Historiae 5,5,1 f.; Diodorus Siculus, Historiae 34,1,2; Philostratos, Vita Apollonii 5,33.

11.8 Der Konflikt

11.8.1 Vor der Ankunft des Paulus

Irgendwann nach 48/49 kam Petrus in die antiochenische Gemeinde (Gal 2,11; vgl. Lk 12,17). Es ist nicht klar, was er dort wollte. Vielleicht betrachtete er Antiochia als Zwischenstation für eine Reise zu jüdischen Gemeinden in Syrien und Zilizien. Vielleicht wollte er aber auch der Verpflichtung nachkommen, das Evangelium unter den Juden Antiochias zu verbreiten.

In der Gemeinde hielt sich Petrus offenbar an die dort übliche Praxis, Speisegebote nicht zu beachten (Gal 2,12b). Paulus stellt dies als bewusste Entscheidung des Petrus dar (2,14), doch das ist nicht zu beweisen. Petrus könnte angenommen haben, dass sich die Gemeinde von Antiochia an dieselben Regeln hielt wie die in Jerusalem, in der die Speisegebote beachtet wurden. Dort waren die wenigen Heidenchristen ehemalige Gottesfürchtige wie Kornelius, die sich schon vor ihrer Taufe an viele jüdische Gebote gehalten hatten.[102]

Die Lage änderte sich, als Abgesandte des Herrenbruders Jakobus aus Jerusalem kamen (Gal 2,12a). Auch bei ihnen wird nicht klar, was sie in Antiochia wollten. Paulus geht es nur um den Effekt ihrer Anwesenheit: Die Judenchristen der Gemeinde inklusive Petrus und Barnabas sonderten sich von den Heidenchristen ab und aßen nicht mehr mit ihnen (2,12 f.). Das wäre das Ende der Speisengemeinschaft gewesen,

---

102 Vgl. Josephus, Antiquitates 2,282: Für Heiden waren am Judentum der Sabbat, die Feste und Lichterfeiern sowie die Speiseregeln faszinierend.

wenn sich die Heidenchristen nicht angepasst hätten. Anscheinend war genau das geschehen, denn Paulus wirft Petrus in Gal 2,14 vor, die Heiden dazu gezwungen zu haben, jüdisch zu leben. Für Paulus war das ein katastrophaler Fehler. Aber wie sahen es die Betroffenen selbst? Was dachten Barnabas, Petrus, die Leute des Jakobus und die Judenchristen Antiochias?

All das geschah, bevor Paulus ankam. Er befand sich auf der Missionsreise durch Europa, während in Antiochia diese Veränderung stattfand. Offenbar war sie von Leuten ausgegangen, die sich auf Jakobus beriefen. Ihr Einfluss resultierte wohl daraus, dass auch in der antiochenischen Gemeinde viele Judenchristen waren. Die Jerusalemer waren aber gerade für die Mission unter den Juden verantwortlich. Und die antiochenische Gemeinde war eng mit Jerusalem verbunden. Juden aus Jerusalem hatten sie gegründet (Apg 11,19 f.) und waren wie Barnabas im Leitungsgremium. Nach der Vereinbarung des Apostelkonvents (Gal 2,9) gehörten die jüdischen Christen Antiochias zum Verantwortungsbereich Jerusalems. Deshalb sollten auch jene Regeln gelten, die dort selbstverständlich waren, und das bedeutete für die Juden: Einhaltung der Tora, inklusive der Speiseregeln.

Dazu trat wohl ein zweites Motiv. Die Jakobusleute kamen nicht nach Antiochia, um dort nach dem Rechten zu sehen, sondern wollten unter den zahlreichen Juden das Evangelium verkündigen. Aber wie konnte das gelingen, wenn die Christen in den Synagogen als Verräter der jüdischen Identität dastanden? Die Speisengemeinschaft mit Heiden und die Nicht-Beachtung der Tora machten die Mission in Antiochia schwierig, wenn nicht unmöglich.

Und ein drittes: Auch politisch geriet das Judentum in den Jahren 48–52, verstärkt unter Druck. 49 n. Chr.

wurden Juden(christen) aus Rom vertrieben (Sueton, Claudius 25,4), und es kam auch zu Zwischenfällen in Judäa (Josephus, Antiquitates 20,105–136; Bellum 2,223–246). Paulus verweist auf die Bedrängnis, die dazu führte, dass der Toragehorsam von Christen gefordert wurde: »Jene Leute, die in der Welt nach Anerkennung streben, nötigen euch nur deshalb zur Beschneidung, damit sie wegen des Kreuzes Christi nicht verfolgt werden.« (Gal 6,12)

Dieses politische Motiv war sicherlich nicht entscheidend, aber es erhöhte den Druck auf Juden, sich in der Frage der Toraeinhaltung keine Blöße zu geben. Auch Judenchristen sollten sich entsprechend umorientieren, da Unruhen in den jüdischen Synagogen zum Vorwand für Repressalien genommen wurden.

Diese drei Motive zeigen, dass es nicht um eine Wiederaufrichtung des Gesetzes ging, sondern um die Fragen der Mission an den Juden und der Verantwortung für die Judenchristen. Die Haltung des Petrus ist daher gut zu verstehen. Paulus schreibt zwar polemisch, Petrus habe sich vor den »Juden«, d. h. vor den Jakobusleuten gefürchtet (2,12b). Eher ist aber anzunehmen, dass er ihnen selbstverständlich zustimmte. Barnabas wird von Paulus hingegen zugestanden, in einem Wahn »fortgerissen« worden zu sein (Gal 2,13). Die Judenchristen hätten ihn mit ihrer Heuchelei verführt, sodass er keinen anderen Ausweg mehr fand, als die Speisengemeinschaft mit den Heidenchristen zu beenden.

Das entspricht nicht dem, was wir von Barnabas bisher wissen. Dazu ist zu bedenken, dass Paulus den Galaterbrief an Gemeinden schrieb, in denen Barnabas als Gründer in besonderem Ansehen stand. Die entschuldigenden Formulierungen dienen dazu, die Christen in Galatien zu überzeugen, dass der Meinungswechsel des Barnabas wenig zu besagen habe. Dieser sei einem Wahn verfallen.

Rechnet man mit einer bewussten Entscheidung des Barnabas, dann sind die Gründe dafür wohl vielschichtig. Zum einen stand er tatsächlich unter Druck: Die Abgesandten des Jakobus, Petrus und ein Teil seiner Gemeinde behaupteten, dass eine Änderung nötig sei. Barnabas war zudem eng mit seiner Heimatgemeinde Jerusalem verbunden und suchte die Verständigung. Und waren die Argumente der Jakobusleute nicht zutreffend? War Antiochia nicht tatsächlich eine judenchristliche Gemeinde mit einem heidenchristlichen Anteil? Warum sollten die Regeln der Tora nicht gelten? Das bedeutete nicht, dass deshalb der Glaube keine Rolle mehr spielte, wie auch Paulus zugesteht: »Doch weil wir wissen, dass der Mensch durch Werke des Gesetzes nicht gerecht wird, sondern durch den Glauben an Jesus Christus, sind auch wir zum Glauben an Christus Jesus gekommen, damit wir gerecht werden durch den Glauben an Christus und nicht durch Werke des Gesetzes; denn durch Werke des Gesetzes wird kein Mensch gerecht.« (Gal 2,16)

In das »wir« schließt Paulus hier durchaus Petrus ein, und es gilt auch für Barnabas und die Judenchristen Antiochias. Barnabas ging es aber nicht um die Rechtfertigung, ihm ging es um die Bewahrung jüdischer Identität und um die Einheit der Gemeinde. Die Judenchristen hatten den Schritt zum Teil vollzogen, deshalb war es wichtig, die Heidenchristen davon zu überzeugen, sich an die veränderte Praxis anzuschließen. Es ging um den Zusammenhalt der Tischgemeinschaft. Die Entscheidung des Barnabas gab dabei vielleicht den Ausschlag.

Das alles war geschehen, bevor Paulus wieder auf der Bildfläche erschien.

11.8.2 Der Auftritt des Paulus

Paulus kehrte als erfolgreicher Heidenmissionar nach Antiochia zurück und musste feststellen, wie vieles sich geändert hatte. In Gal 2,11–14 erscheint er als einsamer, aufrechter Kämpfer für die Sache des torafreien Evangeliums, doch das ist übertrieben. Wir können jedoch annehmen, dass die Sache längst entschieden war, als er ankam: Petrus, Barnabas, die Juden- und Heidenchristen Antiochias richteten sich nach jüdischen Speisegesetzen.[103] Paulus scheint entsetzt, denn in seinen Gemeinden hatte er gerade das Gegenteil eingeführt. Zwar waren dies keine »gemischten« Gemeinden wie Antiochia, aber Paulus ging es um Grundsätzliches. Jedes Zugeständnis von Christen, die die Tora nicht mehr eingehalten hatten (so wie Petrus oder Barnabas), hielt er für eine Wiederaufrichtung des ganzen Gesetzes, die auch Folgen für das Heil haben musste.

Den Bruch mit der bisherigen Praxis brachte er in der Gemeinde in einer offenen Konfrontation mit Petrus zur Sprache (Verse 11 und 14). Nach der paulinischen Darstellung war das der Versuch, die antiochenische Gemeinde von Petrus und Barnabas weg zu seiner eigenen Sicht zu bewegen. Dabei war es auch eine Frage der Ehre, wer sich durchsetzen würde.

Die Argumentation, die Paulus in Gal 2,15–21 in der Form einer Rede an Petrus bringt, entspricht allerdings nicht jener in Antiochia, sondern ist von der Briefsituation bestimmt. Paulus verweist darin auf den Umstand, dass der Glaube als einzige Möglichkeit zur Rechtfertigung den Verzicht auf die Unterwerfung un-

103 Die Abgesandten des Jakobus waren nicht mehr in Antiochia, als Paulus kam.

ter die Tora bedinge. Wer sich einmal davon gelöst habe wie die Judenchristen Petrus und Barnabas, könne nicht wieder zurückkehren, geschweige denn Heidenchristen dazu zwingen (2,14.18). Dies bedrohe die Freiheit des christlichen Glaubens (vgl. Gal 5,1)!

11.9 Die Folgen

11.9.1 Die Folgen für Paulus

Es fällt auf, dass Paulus nicht berichtet, wie dieser Streit ausging. Hätte er sich durchgesetzt, hätte er es gewiss getan, da er doch die Adressaten überzeugen wollte. Das ist wahrscheinlich so zu deuten, dass weder Petrus noch Barnabas noch die Gemeinde von Antiochia sich seiner Sicht anschlossen. Paulus unterlag und es war daher nur konsequent, dass er nach diesem Zwischenfall seine Heimatgemeinde nicht mehr besuchte. Der bei Lukas nur knapp erwähnte Aufenthalt in Antiochia war der letzte Besuch (Apg 18,22 f.). Entsprechend erwähnt Paulus in den erhaltenen Briefen die Stadt und ihre Gemeinde nur im Kontext des Zwischenfalls. Der Heidenapostel war offenbar tief enttäuscht.

Der antiochenische Zwischenfall hatte vor allem zur Folge, dass sich Paulus von nun an noch entschiedener als selbständiger Missionar verstand, der seine Aufgabe allein vor Gott zu rechtfertigen hatte. Sie führte aber nicht dazu, wie man im 19. Jh. meinte, dass Paulus in erbitterter Feindschaft zu Petrus oder Barnabas stand. Im 1. Korintherbrief erwähnt er beide, ohne auf Differenzen hinzuweisen (1Kor 3,22; 9,5 f.). Aber die Enttäuschung über den Rückfall und der Kampf gegen die Bestrebungen, Heidenchristen zur Beschneidung zu drängen (Gal 5, Phil 3), prägten weiterhin sein Denken und Handeln.

11.9.2 Die Folgen in Antiochia

Für die antiochenische Gemeinde war die Sache zwar unangenehm, aber sie hatte sich offenbar entschieden, dem judenchristlichen Anliegen zu folgen. Die Speisengemeinschaft konnte weiterhin bestehen, da die Heidenchristen – zahlenmäßig wohl noch in der Minderheit – sich der neuen Regel fügten. Die theologischen Einwände des Paulus konnten in Frage gestellt werden, denn es ging nicht darum, dass die Einhaltung der Tora als heilsnotwendig galt. Vielmehr blieb der Glaube an Christus die Basis des Heils, die Tora aber die Ordnung des Lebens.

Für das Zusammenleben zwischen Juden- und Heidenchristen wurden nun Regeln entworfen, die Lukas im Zusammenhang des Apostelkonvents überliefert. In dem so genannten Aposteldekret heißt es, dass die Heidenchristen »sich enthalten sollen von den Verunreinigungen durch Götzen und von der Unzucht und vom Erstickten und vom Blut.« (Apg 15,20.29;vgl. auch 21,25)

Diese Regeln entsprechen jenen, die in Lev 17 f. und der diesem Text folgenden Auslegungstradition für das Leben von Fremden in Israel aufgestellt wurden. Wenn sie tatsächlich auf die antiochenische Situation als Kompromiss zielten, dann hat auch Barnabas sie akzeptiert. Dessen Rolle war dabei vielleicht, entsprechend seiner kulturellen Prägung, die des Vermittlers. Als Heidenmissionar verstand er ebenso wie als toratreuer Judenchrist die Anliegen beider Gruppen. In seiner Person trafen diese Gegensätze aufeinander, und er wird für den Zusammenhalt der antiochenischen Gemeinde eine große Rolle gespielt haben.

---

104 Vgl. dazu G. THEISSEN, Die Religion der ersten Christen. Eine Theorie des Urchristentums, Gütersloh 2000, 350.

Diese Kompromissposition wird in späterer Zeit mit Abwandlungen auch von den synoptischen Evangelien und der Apostelgeschichte aufgenommen. Lukas kann um 80 n. Chr. die Bestimmungen des Aposteldekrets zustimmend referieren. Das Matthäusevangelium ist geprägt von einer Theologie, die die Bedeutung der Tora als Lebensordnung einschärft (Mt 5,17–19). Das Markusevangelium ist zwar gegenüber kultischen Geboten kritischer, betont aber gleichzeitig die Bedeutung des Dekalogs (Mk 7). In keinem der synoptischen Evangelien wird jedoch ausschließlich die eine Seite zur Sprache gebracht.[104] Das Christentum am Ende des 1. Jh.s war damit viel stärker von den Positionen des Barnabas geprägt, als das Neue Testament es erscheinen lässt.

12. Die Rezeption des Barnabas im Neuen Testament

12.1 Paulus über Barnabas

Die Rezeptionsgeschichte des Barnabas begann noch zu seinen Lebzeiten in den Briefen des Apostels Paulus. Wir haben uns schon damit beschäftigt, aber es lohnt sich, die Sicht des Paulus noch einmal systematisch zu betrachten.

Der Heidenapostel hatte von Barnabas offenbar eine gute Meinung, denn er erwähnt sich mehrfach gemeinsam mit ihm. Im Zusammenhang mit dem Apostelkonvent ist Paulus bereit, auch wenn es primär um seine eigene Rolle geht, Barnabas zu nennen (Gal 2,1.9) – er hätte ihn auch verschweigen können.

Wahrscheinlich von Angesicht unbekannt war Barnabas in Korinth; dennoch nennt Paulus ihn gemeinsam mit sich selbst als Beispiel für einen Apostel, der sich nicht von Gemeinden mit Geld versorgen lässt (1Kor 9,6). Dies zeigt zum einen, dass sich Paulus nach dem antiochenischen Zwischenfall wenigstens in dieser Hinsicht noch eines Sinnes mit Barnabas weiß. Zum anderen wird daraus auch deutlich, dass Barnabas offenbar weit über seinen engeren Wirkungskreis hinaus angesehen war. Paulus setzt dies mit der selbstverständlichen Nennung voraus.

Das scheint er auch im Kolosserbrief zu tun (Kol 4,10). Die Erwähnung des Barnabas bei der Empfehlung des Johannes Markus soll auch dazu dienen, dass die Kolosser diesen Mitarbeiter freundlich bei sich aufnehmen. Es gilt als Ehre, mit Barnabas verwandt zu sein.

Das alles wird auch nicht durch den Konflikt in Antiochia getrübt, in dem sich Barnabas auf die Seite der judenchristlichen toratreuen Christen schlug (Gal 2,11–14). Zweifellos war das für Paulus eine Enttäuschung. Sie scheint noch durch, wenn er Barnabas entschuldigend eine Art Wahn unterstellt, die ihn zu dieser Entscheidung verleitet habe. Aber dadurch wird auch deutlich, dass zwischen Paulus und Barnabas eine enge Verbindung bestand, die selbst bei inhaltlichen Differenzen nicht zerbrach.[105]

12.2 Lukas über Barnabas

Das Bild des Barnabas, das von Lukas in der Apostelgeschichte gezeichnet wird, ist gegenüber dem des Paulus viel detaillierter.[106]

---

105 Übrigens wird durch nichts angedeutet, dass Barnabas später seine Sicht änderte.

106 Vgl. zum Folgenden und zu theoretischen Überlegungen zum literarischen Porträt ÖHLER, Barnabas 455–473.

Für Lukas ist klar, dass Barnabas zu den wichtigsten Figuren der »Kirchengeschichte« gehört. Seine Handlungen haben Parallelen zu denen der Apostel, des Stephanus, Philippus oder Paulus. Bereits mit der Einführung des Barnabas in 4,36 f. macht Lukas deutlich, dass dieser Mann für den Fortgang der Erzählung von Bedeutung sein wird: Die Erwähnung der beiden Namen mit der Übersetzung, die Nennung der Herkunft aus dem Stamm Levi bzw. von der Insel Zypern und die Geldstiftung zeigen dies. Im Zusammenhang des ersten Wirkens in Antiochien wird Barnabas zusätzlich beschrieben als »guter Mann, voll des Heiligen Geistes und des Glaubens« (11,24). Das sind Vorzüge, die alle großen Männer im lukanischen Doppelwerk in ähnlicher Weise auszeichnen. Die Erfüllung mit dem Geist wird auch von Johannes dem Täufer (Lk 1,15), Petrus (Apg 4,8.31), Stephanus (Apg 6,5) oder Paulus (9,17) erzählt. Als »guter Mann« gilt auch Josef von Arimathäa (Lk 23,50), wie Barnabas eine gesellschaftlich höher stehende Person.

Literarische Gestalten werden aber nicht nur durch Beschreibungen, sondern auch durch ihre Beziehungen charakterisiert. Besonders hervorzuheben sind hier die Verbindungen des Barnabas zu den beiden Gemeinden von Jerusalem und Antiochia.

In Jerusalem wird Barnabas vor allem als Wohltäter aktiv (4,37). Er setzt dies später in Antiochia fort (11,30). Seine wichtige Stellung in der Urgemeinde wird bei Lukas auch durch die Geschichte von der Einführung des Paulus deutlich (9,27), ebenso durch die Sendung nach Antiochia (11,22). Barnabas ist für Lukas nicht nur Wohltäter, sondern hat auch eine innergemeindliche Funktion. Dass er für die Apostel eine wesentliche Rolle spielte, kommt nicht nur bei der Geldgabe »zu ihren Füßen« (4,37), sondern vor allem beim Apostelkonvent zum Ausdruck: Barnabas und Paulus stehen zwar am Rande, aber sie sind im Gespräch (15,12) und werden von den Aposteln als »geliebt und hingebungsbereit« gelobt (15,25 f.).

Die Beziehung der antiochenischen Gemeinde zu Barnabas beginnt nach Lukas erst mit dessen Sendung durch die Jerusalemer (11,22). Von Beginn an ist es ein äußerst positives Verhältnis. Barnabas freut sich über die Zustände in Antiochia (11,23) und steigt bald als Lehrer und Prophet in das Leitungsgremium der Gemeinde auf (13,1). Die Verantwortung für die Kollekte nach Jerusalem trägt er ebenso (11,30) wie für die Mission auf Zypern und in Kleinasien (13 f.). Es fällt auf, dass Lukas Barnabas und Paulus in Apg 14,4.14 sogar als Apostel bezeichnet, obwohl dieser Titel für die Zwölf in Jerusalem reserviert ist. Das ist ein Hinweis darauf, dass Lukas in Bezug auf Antiochia von Barnabas besonders positiv dachte, denn Apostel sind die beiden als Gesandte dieser Gemeinde.[107]

Das Verhältnis des Barnabas zu Paulus ist mehrdeutig. Das wird durch die Reihenfolge der Namen deutlich, die immer wieder wechselt: Die Nennung des Barnabas vor Paulus findet sich in 11,30; 12,25; 13,2 und 13,7, Paulus vor Barnabas in 13,43.46.50. Dazu kommt 13,13, wo Barnabas gar nicht mit Namen genannt wird, sondern zur Entourage des Paulus gehört. Der Wechsel in der Reihenfolge erfolgt auf Zypern. Zwischen 13,7 und 13,13 findet sich der Bericht über den Sieg des Paulus über Barjesus Elymas sowie die Gewinnung des Prokonsuls. Nach dem Aufenthalt im pisidischen Antiochia wechselt die Reihenfolge von Barnabas und Paulus häufig: In 14,14; 15,12.25 steht

107 Vgl. dazu und zur Frage, ob Lukas in Apg 14 auf Quellenmaterial zurückgriff, ÖHLER, Barnabas 320–323.

Barnabas an erster Stelle, in 15,2.22.35 (vgl. 14,20) Paulus. Auch wenn es im Einzelnen nicht schlüssig zu erklären ist, zeigt doch die gesamte Darstellung des Verhältnisses von Barnabas und Paulus bei Lukas eine schrittweise Emanzipation des Letzteren an.

Zu Beginn ist es Barnabas, der Paulus in die Jerusalemer Gemeinde einführt und für ihn spricht (9,27). Auch in Antiochia ist es Barnabas, der Paulus aus Tarsus holt, um mit ihm in dieser Gemeinde zu wirken (11,25 f.). Wenn Barnabas an der Spitze des dortigen Leitungsgremiums genannt wird, Paulus aber an letzter Stelle, zeigt sich hier deutlich das ungleiche Verhältnis (13,1). Erst die Missionsreise bringt den Umschwung. Ab der Geschichte auf Zypern steht Paulus im Vordergrund und Barnabas in seinem Schatten. Lukas erklärt die Identifikation des Paulus mit dem geringeren Hermes damit, dass er der Wortführer war (14,12). Dieser Umschwung ist nicht inhaltlich bedingt, denn die Reden, die Paulus und Barnabas gemeinsam halten (13,5.32.46; 14,1.3.7.14–15.18.21.25; 15,36), zeugen von ihrer sachlichen Übereinstimmung. Dieses Einverständnis zerbricht erst an der Person des Johannes Markus (15,37–39).

Das Verhältnis zwischen Barnabas und Paulus kann unter soziologischer Perspektive als das eines Patrons zu einem Klienten verstanden werden, das sich langsam wandelt. Der Umschwung vollzieht sich dort, wo Paulus zu seiner eigentlichen Aufgabe als Heidenmissionar kommt: auf Zypern. Barnabas scheint für Lukas jemand gewesen zu sein, dessen Schwerpunkte mehr in der innergemeindlichen Tätigkeit gelegen haben. Auf dem Missionsfeld gibt Paulus den Ton an. Die erfolgreiche Missionsarbeit bezeichnet also jenes Moment, das Paulus aus der Abhängigkeit hinauswachsen ließ. Das entspricht auch dem literarischen Aufbau der Apostelgeschichte, die sich mehr und mehr Paulus zuwendet. Barnabas findet dagegen mit Johannes Markus jemanden, dessen Förderung er sich anschließend zuwenden kann.

Wenn Lukas Barnabas als differenzierte Persönlichkeit darstellt, hat das eine paränetische Funktion. Barnabas soll nicht nur als historische Figur bewundert werden, sondern auch als Vorbild dienen. Das trifft bei Barnabas wohl auf mehreren Ebenen zu: Zum einen ist Barnabas ein Beispiel dafür, wie vermögende Personen in den christlichen Gemeinden mit ihrem Besitz umgehen sollen, nämlich großzügig. Die Spende des Barnabas an die Jerusalemer Urgemeinde wird durch den Gegensatz zum Verhalten von Hananias und Saphira als besonders vorbildlich herausgestellt. Zum anderen wird Barnabas als Mann präsentiert, der sich dem Evangelium an verschiedenen Orten und in unterschiedlichen Funktionen uneingeschränkt zur Verfügung stellt: als Gesandter der Jerusalemer Gemeinde, als Mitarbeiter im Leitungsgremium der antiochenischen Gemeinde und als Missionar. Ermahnend (11,23; 14,22; 15,31), lehrend (11,26; 13,1; 15,35), bestärkend (14,22) und den Christen gut zuredend (13,43) ist er ein Vorbild für Gemeindeleiter. Dabei spielt auch sein Eintreten für das Heidenchristentum (Apg 15) eine wichtige Rolle.

Anders geartet ist seine Wirkung im Blick auf den Streit mit Paulus (15,37–39). Lukas warnt davor, sich den falschen Personen gegenüber solidarisch zu verhalten.

C. WIRKUNG

Das Schattendasein des Barnabas in der Apostelgeschichte hatte selbstverständlich auch Auswirkungen auf die Rezeptionsgeschichte. Bis auf wenige Ausnahmen spielte die Figur Barnabas in der Alten Kirche, dem mittelalterlichen Christentum und erst recht in der Neuzeit eine unbedeutende Rolle. Das zeigt sich sowohl in der theologischen Literatur wie in Zeugnissen populärer Frömmigkeit. Die bildende Kunst hat ebenso wenig auf ihn zurückgegriffen wie die Belletristik. Barnabas blieb im Schatten, und was im Folgenden dargestellt werden kann, ist mit Paulus oder Petrus, denen er an historischer Bedeutung um nichts nachsteht, nicht zu vergleichen.

1. Die Rezeption des Barnabas in der Alten Kirche[108]

1.1 Barnabas als Verfasser des Hebräerbriefes

Der lateinische Kirchenvater Tertullian (gest. nach 220) ist der erste Zeuge für die Ansicht, dass der Brief an die Hebräer von Barnabas stammt. Tatsächlich enthält der Hebräerbrief keinen Absender; lediglich die Schlussgrüße geben dem Schreiben brieflichen Charakter.

Gemeinhin wurde der Hebräerbrief für ein paulinisches Schreiben gehalten, was auch zu seiner Kanonisierung beitrug. Allerdings wurde daran schon immer gezweifelt.

Clemens von Alexandria (gest. vor 215 oder 221) meinte, Paulus habe den Brief auf Hebräisch geschrie-

108 Vgl. dazu vor allem KOLLMANN, Barnabas 63–101.

ben und Lukas ihn ins Griechische übersetzt (Euseb, Kirchengeschichte 6,14,2 f.). Origenes (gest. 254) nahm an, das Schreiben könne wegen des eigenen Stils nicht von Paulus stammen, wenngleich es in der Sache mit den Paulusbriefen übereinstimme. Vielleicht habe Clemens von Rom oder Lukas den Brief geschrieben (Euseb, Kirchengeschichte 6,25,11–14).

Tertullian schrieb in seiner Abhandlung »Über die Keuschheit« Folgendes:[109] »Ich will jedoch zum Überfluss auch noch das Zeugnis eines Begleiters der Apostel hinzufügen, welches geeignet ist, die Disziplin der Lehrer, und zwar mit unmittelbar folgendem Recht, zu bestätigen. Es ist nämlich ein an die Hebräer gerichtetes Schreiben des Barnabas vorhanden. Derselbe war ein von Gott hoch geehrter Mann, da ihn Paulus in Beobachtung der Enthaltsamkeit sich zur Seite stellte, da er in einem Zuge fortfährt (1Kor 9,6): ›Haben denn bloß ich und Barnabas nicht das Recht zu arbeiten?‹ Jedenfalls ist der Brief des Barnabas bei den Kirchen mehr angenommen als jener apokryphe ›Pastor‹ der Ehebrecher.« (*De Pudicitia* 20)

Es folgt ein Zitat aus Hebr 6,4–8. Daran anschließend meint Tertullian über Barnabas: »Wer dies von dem Apostel gelernt und mit den Aposteln gelehrt hat, der wusste, dass dem Ehebrecher und Hurer von den Aposteln keine zweite Buße in Aussicht gestellt sei. Denn dafür erklärte er das Gesetz zu gut, und was dessen Figuren vorbilden, besaß er bereits in der Wirklichkeit.«

In dem Traktat *De Pudicitia*, das Tertullian nach seiner Wende zum Montanismus im Jahr 210 schrieb, geht es um das Problem, dass sich auch Christen

109 Übersetzung nach G. ESSER, Tertullians apologetische, dogmatische und montanistische Schriften, BKV 24, Kempten/München 1915, 456–459.

schwerer Vergehen schuldig machten. Konkreter Anlass war anscheinend das Schreiben eines Bischofs, in dem auch Ehebruch und Unzucht als lässliche Sünden angesehen wurden. Dagegen trat der Moralist Tertullian in seiner Schrift auf.

Der Hinweis auf Barnabas und seinen Brief findet sich gegen Ende des Traktats. Barnabas wird hier als Begleiter des Paulus bezeichnet. Er nimmt die Stellung eines Apostelschülers ein und steht im Rang deutlich unter Paulus. Von Barnabas sei ein Schreiben an die Hebräer vorhanden;[110] die darin enthaltene Lehre habe er vom Apostel empfangen und weitergegeben. Dieser Text wurde im Umkreis des Tertullian höher angesehen als der »Hirte des Hermas«, eine Schrift, die in Rom in der ersten Hälfte des 2. Jh.s entstand und auch für schwere Sünden wie Ehebruch die Möglichkeit einer zweiten Buße vorsieht (*Mandata* 4,1). So etwas wollte Tertullian gerade nicht, deshalb beruft er sich auf den Hebräerbrief. Das Zitat aus Hebr 6,4–8 belegt tatsächlich die Unmöglichkeit einer zweiten Buße. Barnabas, ein Vorbild an Enthaltsamkeit (1Kor 9,6), habe dies in aller Deutlichkeit gelehrt.

Die Verbindung des Barnabas mit dem Hebräerbrief gilt offenbar in Tertullians Kreisen als selbstverständlich. Diese Kreise waren montanistische Gemeinden, eine aus Kleinasien stammende Gruppierung, die besonders hohe Moralansprüche vertrat. Sie befand sich in einer heftigen Auseinandersetzung mit der Großkirche, und Tertullian war ihr schärfster literarischer Kämpfer. Aus der Verbindung des Montanismus mit Barnabas kann man schließen, dass die Annahme, Barnabas sei der Verfasser des Hebräerbriefes, nicht nur

110 Der Titel »An die Hebräer» wurde erst später dem Brief hinzugefügt, ist aber schon alt.

bei Tertullian in Nordafrika, sondern auch in Kleinasien verbreitet war. Auf jeden Fall wird Barnabas damit zu einem Vertreter strenger Moralansprüche.

Nicht nur Tertullian vertrat die These, Barnabas wäre der Autor des Hebr, sie wurde auch von Hieronymus (gest. 419/420) als eine neben anderen genannt (*de viris inlustribus* 5). Auch die Forschung des 19. und 20. Jh.s hat diese These aufgegriffen, um den Hebräerbrief einer historischen Person zuordnen zu können.[111] Dafür wurde angeführt, dass Barnabas mit Paulus zusammengearbeitet habe und sich von daher die Nähe zur paulinischen Theologie erklären würde. Zudem beweise der Verfasser eine gute Kenntnis des Tempelkultes. Das Schreiben sei an Christen aus priesterlichem Geschlecht in Jerusalem gerichtet. Da Barnabas levitischer Herkunft war, würde dies gut passen. Auch auf die Selbstbezeichnung des Schreibens als »Wort des Trostes« (Hebr 13,22; vgl. Apg 13,15), die mit »Sohn des Trostes«, dem Namen des Barnabas verwandt wäre, wurde hingewiesen.[112]

Dagegen ist einzuwenden, dass die im Hebräerbrief demonstrierten guten Kenntnisse des Tempelkultes nicht auf tatsächlicher Teilnahme, sondern eher auf genauem Studium der Septuaginta basieren. Auch die radikale Preisgabe des Tempels zu Gunsten des himmlischen Kultes des Hohepriesters Christus passt nicht zur vermittelnden Position des Barnabas. Der Hebräerbrief scheidet daher als mögliche Quelle für die Theologie des Barnabas aus.

---

111 Vgl. dazu H.-F. WEISS, Der Brief an die Hebräer, KEK 13, Göttingen 1991, 63.

112 Vgl. für eine ausführliche Argumentation in dieser Richtung K. BORNHÄUSER, Empfänger und Verfasser des Briefes an die Hebräer, BFChTh 35/3, Gütersloh 1932.

1.2 *Barnabas als Verfasser des Barnabasbriefes*

1.2.1 Der Barnabasbrief und der historische Barnabas[113]

Nennt man in theologisch gebildeten Kreisen den Namen Barnabas, dann denkt mindestens die Hälfte der Zuhörer und Zuhörerinnen an den Barnabasbrief. Über diesen wurde viel mehr geschrieben als über die historische Person.[114] Was ist von der Verbindung des Barnabas mit diesem Brief zu halten?

Zunächst ist festzuhalten, dass der Text selbst keinen Absender überliefert. Er beginnt einfach mit den Worten: »Seid in Frieden gegrüßt, Söhne und Töchter, im Namen des Herrn, der uns geliebt hat.« (Barn 1,1) Am Ende schließt der Verfasser mit den typischen Wünschen. Das Schreiben will also als Brief verstanden werden (1,5; 2,19), hat aber die Form eines Traktats. Es will in Berufung auf die Schrift und die Tradition die christliche Identität der Leser sichern.

Dazu sei es notwendig, größere Erkenntnis zu gewinnen. Sie lasse sich vor allem durch die Auslegung der Schrift, d. h. des Alten Testaments, erreichen. Dabei gilt der Grundsatz, dass die Schrift und die Heilsgeschichte Israels nur im Hinblick auf die Christen geschrieben bzw. geschehen sind. Alles, was im Gesetz geschrieben sei, wäre von Anfang an nicht fleischlich (also buchstäblich), sondern geistlich gemeint. So seien

---

113 Vgl. zum Folgenden K. WENGST, Barnabasbrief, in: Schriften des Urchristentums II, Darmstadt 1984, 101–202; F. R. PROSTMEIER, Der Barnabasbrief, KAV 8, Göttingen 1999, 74–134.

114 Die Innsbrucker Bibelwissenschaftliche Literaturdokumentation (http://bibfutheol.uibk.ac.at/bildi/index.html) liefert für das Schlagwort »Barnabasbrief» 32 Treffer, für »Barnabas» 11 (9.3.2005).

die Opfergebote im übertragenen Sinn auf die Hingabe der Glaubenden zu deuten (Kap.2). Die Beschneidung sollte von Anbeginn an eine des Herzens sein (Kap. 9).

Auffällig ist vor allem die Deutung von Gen 17,23 in Verbindung mit Gen 14,14 (Barn 9,7 f.): Der Verfasser kombiniert den Bericht über die erste Beschneidung der Sippe Abrahams mit der Aussage, Abraham habe 318 Knechte ins Feld geführt. Die Zahl 18 wird im Griechischen mit den Buchstaben Jota und Eta wiedergegeben. »Damit hast du ›Jesus‹«, denn der Name Jesus beginnt mit diesen beiden Buchstaben.[115] Die Zahl 300 lautet auf Griechisch *triakousious* und wurde mit T abgekürzt. Dieses T deutet der Verfasser auf das Kreuz Christi.[116] Diese spitzfindige Auslegung von einzelnen Zahlzeichen soll zeigen, dass die wahre Beschneidung und die damit verbundene Gnade nicht jene fleischliche der Juden war. Nur die im Kreuz geschehene ist die einzig heilswirksame. Diese Auslegungsmethode, die im Barnabasbrief häufig angewandt wird, nennt man Allegorese.[117] Texte, deren Sinn nicht verständlich oder unpassend erschien, wurden mit dieser Methode auf eine bestimmte Theologie hin gedeutet.

Es ist bemerkenswert, dass einige Kirchenväter diese Form der Auslegung Barnabas zutrauten. Immerhin nimmt der Barnabasbrief damit dem jüdischen Volk seine Geschichte und Überlieferung und legt diese auf

---

115 Mitzudenken ist dabei wohl der christliche Brauch, den Namen Jesus in den griechischen Handschriften mit IH abzukürzen (PROSTMEIER, Barnabasbrief 369).

116 Die Kreuzigung wurde sowohl mit T-förmigen Kreuzen als auch mit den uns bekannten Kreuzen, die den Querbalken im oberen Drittel haben, durchgeführt.

117 Zu den verschiedenen Auslegungsmethoden im Barnabasbrief vgl. WENGST, Barnabasbrief 129 f.

das Christusgeschehen und die Christen hin aus. Der Bund, die Gesetzestafeln, die prophetische Botschaft, all das hat nichts mehr mit Israel zu tun.

Diese Theologie entspricht kaum dem Barnabas, dem wir in den Paulusbriefen und der Apostelgeschichte begegnen. Dort äußert er sich weder beim Apostelkonvent noch im Zusammenhang des antiochenischen Zwischenfalls kritisch gegenüber den Traditionen Israels; vielmehr bejaht er sie und nimmt sie wörtlich.[118] Dieser Zweifel wird durch eine weitere Bemerkung verstärkt: »Bevor wir zum Glauben an Gott gelangten, war die Wohnstätte unseres Herzens vergänglich und schwach.« (Barn 16,7) Der Verfasser geht hier von einer gemeinsamen Vergangenheit mit den Lesern und Leserinnen aus, in der sie noch nicht an Gott glaubten. Diese Aussage ist für Judenchristen nicht möglich, da sie schon immer an Gott glaubten. Vielmehr wird aus dieser Stelle deutlich, dass der Autor des Brieftraktats wie auch seine Adressaten Heidenchristen waren.

Auch zeitlich ist es kaum möglich, dass der Brief von Barnabas stammt. In 16,3 f. wird auf die Zerstörung des Herodianischen Tempels (70 n. Chr.) Bezug genommen. Darüber hinaus wird angedeutet, dass von den Zerstörern ein neuer, selbstverständlich nicht JHWH geweihter Tempel gebaut wurde. Der Bau eines Tempels für Jupiter am Ort des Jerusalemer Heiligtums wurde etwa im Jahr 130 n. Chr. durch Hadrian in Auftrag gegeben.[119] Wenn sich Barn 16,3 f. darauf be-

---

118 Anders K. BERGER, Theologiegeschichte des Urchristentums. Theologie des Neuen Testaments, Tübingen 1994, 442, der gerade auf Grund des Schriftgebrauchs Barnabas als Verfasser des Briefes erwägt.

119 Überliefert bei Dio Cassius 69,12,1 f.

zieht, dann ist der Text erst nach 130 entstanden, sodass der historische Barnabas nicht als Verfasser in Frage kommt.

1.2.2 Die Zuschreibung des Briefes an Barnabas

Clemens von Alexandria war anscheinend fest davon überzeugt, dass der Barnabasbrief von dem zypriotischen Leviten stammt. Der Theologe verwendete das Schreiben, um seine Argumentation durch einen apostolischen Text zu unterstützen. In manchen Einleitungen zu den Zitaten[120] gibt er zu erkennen, was er über den Verfasser denkt. So heißt es in den so genannten »Teppichen«: »Ich führe als Zeugen den apostolischen Barnabas an, welcher zu den Siebzig gehörte und ein Mitarbeiter des Paulus war.«[121] (*Stromateis* 2,20,116,3)

Im Anschluss folgt ein längeres, durch Kommentare unterbrochenes Zitat aus Barn 16,7–9. Barnabas wird von Clemens zunächst als »apostolisch« bezeichnet. Er verwendet diesen Ausdruck allerdings nicht in dem Sinn, dass Barnabas selbst ein Apostel war, sondern bezeichnet damit den Schülerkreis um die Apostel. In seinen Hypotyposen (Euseb, Kirchengeschichte 2,1,4) schreibt Clemens, dass Barnabas zu jenen siebzig Jüngern gehört habe, die von den Aposteln die Erkenntnis überliefert bekommen hätten. Wenn Clemens Barnabas einen Apostel nennt (*Stromateis* 2,6,31,2; 7,35,5), ist das nur unter dieser Voraussetzung zu verstehen. Die geringere Stellung des Barnabas wird in *Stromateis* 2,20,116,3, auch durch die Qualifizierung als »Mitar-

---

120 Für eine vollständige Übersicht vgl. PROSTMEIER, Barnabasbrief 36–44.

121 Übersetzung von F. OVERBECK, Titus Flavius Clemens von Alexandria, Die Teppiche (Stromateis), Basel 1936, 297.

beiter des Paulus« deutlich. Diesen Begriff verwendet Paulus, um Timotheus (Röm 16,21), Titus (2Kor 8,23) oder Epaphroditus (Phil 2,25) zu bezeichnen.[122] Barnabas wird einleitend zu Barn 6,5.8–10 eingeführt als einer, »der gleichfalls mit dem Apostel im Dienste der Heiden das Wort verkündete.« (*Stromateis* 5,10,63,1) Das Wissen darum, dass Barnabas mit Paulus als Heidenapostel unterwegs war (Apg 13 f.), wirkt hier nach (vgl. auch Tertullian, *De Pudicitia* 20).

Ebenso wichtig für die Zuschreibung des Briefes an Barnabas wie die Bemerkungen des Clemens sind die handschriftlichen Zeugnisse. In den beiden wichtigsten griechischen Textzeugen, dem Codex Sinaiticus aus dem 4. Jh. und dem auf älteren Vorlagen beruhenden Codex Hierosolymitanus 54, wird das Schreiben als »Brief des Barnabas« bezeichnet. Der Codex Sinaiticus, eine Bibelhandschrift, die Altes und Neues Testament enthält, bringt den Brief allerdings erst nach der Offenbarung. Daraus kann geschlossen werden, dass er im 4. Jh. als nicht mehr sehr bedeutend eingeschätzt wurde. Im Codex Hierosolymitanus 54 gehört der Barnabasbrief zur Reihe außerkanonischer Schriften.

Origenes nennt ihn zwar noch einen »katholischen« Brief im Zusammenhang der anderen neutestamentlichen Texte (Gegen Celsus 1,63), aber dann beginnt die Zuschreibung immer zweifelhafter zu werden. Nur in Alexandria wurde daran festgehalten, vielleicht weil Johannes Markus als Missionar Ägyptens

122 Vgl. auch die Monographie von W.-H. OLLROG, Paulus und seine Mitarbeiter. Untersuchungen zu Theorie und Praxis der paulinischen Mission, WMANT 50, Neukirchen-Vluyn 1979. Sein Abschnitt über Barnabas beginnt in der Tradition des Clemens von Alexandria mit den Worten (14): »Der erste Mitarbeiter des Paulus ... war Barnabas.«

galt. Der Kirchenvater Hieronymus bezeichnet den Brief zwar als wertvolles Schreiben, merkt aber zugleich an, dass er zu den Apokryphen gerechnet werde (*De viris inlustribus* 6).

Euseb von Cäsarea (gest. 339) rechnet das Werk mit dem Hebräer- und dem Judasbrief zu den so genannten Antilegomena, den umstrittenen Schriften (Kirchengeschichte 6,13,6; 14,1). In einem Kanonverzeichnis stuft er ihn gemeinsam mit der Johannesoffenbarung sogar als nicht authentisch ein (3,25,4), ohne ihn allerdings für häretisch zu erklären.

Der 39. Osterfestbrief des Athanasius (367) bringt eine endgültige Klärung, da der Barn in dem bis heute gültigen Verzeichnis neutestamentlicher Schriften nicht erwähnt wird. Er gerät in der Ostkirche weit gehend in Vergessenheit. Im Westen wurde der Barnabasbrief nie rezipiert, bis er im 17. Jh. entdeckt wurde.

1.3 Barnabas als Jesusjünger

Lk 10,1.17 berichtet von der Aussendung von siebzig Jüngern, die das Evangelium verkündigten und Wunder taten.[123] Schon bei Clemens von Alexandria konnten wir lesen, dass er Barnabas für einen dieser Jünger hält (*Stromateis* 2,20,116,3). Euseb von Cäsarea gibt eine Information weiter, die er den Hypotyposen des Clemens entnimmt: »Von den siebzig Jüngern jedoch findet sich nirgends ein Verzeichnis. Einer von ihnen soll Barnabas gewesen sein, dessen die Apostelgeschichte an verschiedenen Stellen, ganz besonders Paulus in seinem Brief an die Galater gedenkt. Unter ihnen war auch, wie man erzählt, Sosthenes, welcher zugleich

123 In Mk 6,7–13 par Mt 10,5–15/Lk 9,1–6 sind es nur die zwölf Jünger.

mit Paulus an die Korinther schrieb.« (Kirchengeschichte 1,12,1; vgl. auch 2,1,4)

Aus dem Text kann man entnehmen, dass es die Alte Kirche als Defizit empfand, von jenen siebzig Jüngern keine Namen zu kennen. Daher wurde deren Liste mit der Zeit immer detaillierter: Bei Epiphanius von Salamis (gest. 403) gehören zu dieser Gruppe neben Barnabas auch die sieben Diakone aus Apg 6 (darunter Stephanus und Philippus), Matthias, der Ersatzapostel für Judas, Markus, Lukas und andere (*Panarion* 20). Barnabas wird in dieser Liste erst relativ spät genannt, da die anderen Personen Epiphanius – obwohl er auf Zypern Bischof war – offenbar wichtiger waren.

Auch in den Pseudo-Klementinen gehört Barnabas zu den Jüngern Jesu, allerdings ohne explizite Verbindung zu den Siebzig (Homilien I 9,1; Rekognitionen I 7,7). In einem Jüngerkatalog, der im Zusammenhang mit Prophetenbiographien überliefert wurde, steht Barnabas an dreizehnter Stelle hinter Nikolaos und vor Markus.[124] In der Lobrede des Mönchs Alexander auf Barnabas aus dem 7. Jh. gehört dieser nicht nur zu den Siebzig, sondern wird zu deren Führer, ersten und vornehmsten Mitglied (243 f.).

Ging es im Blick auf die Siebzig darum, diese mit bekannten Personen zu identifizieren, so bedeutete das für Barnabas, dass er als Schüler Jesu wahrgenommen wurde. Damit konnte man auch erklären, warum er den Acker stiftete, ohne dass eine Bemerkung zu seiner Bekehrung vorlag. Und wie konnte er Auferstehungszeuge sein, ohne Jesus zu kennen?

---

124 Bei T. SCHERMANN, Prophetarum vitae fabulosae, Leipzig 1907, 135. Vgl. auch T. SCHERMANN, Propheten- und Apostellegenden nebst Jüngerkatalogen des Dorotheus und verwandter Texte, TU 31/3, Leipzig 1907, 292–321.

Es ist so durchaus möglich, dass Barnabas tatsächlich schon vor Ostern zu den Anhängern Jesu gehörte.[125]

1.4 Barnabas und die Nachwahl des zwölften Apostels

Lukas lässt in Apg 1,15–26 Petrus davon erzählen, dass Judas, der Jesus auslieferte, auf furchtbare Weise umgekommen sei. Man benötige einen neuen Apostel, wobei die Kandidaten zu den Jüngern des historischen Jesus gehört haben müssen. Zur Wahl stehen schließlich Josef Barsabbas Justus und Matthias (Apg 1,23). Das Los, also der Gottesentscheid, fällt auf Matthias.

Nun gibt es abweichende Überlieferungen, in denen der Name des »unterlegenen« Kandidaten zu Josef Barnabas Justus verändert wird. Der älteste Zeuge dafür ist die neutestamentliche Handschrift Bezae Cantabrigiensis (4. Jh.), die auch sonst viele interessante Abweichungen vom wahrscheinlich ursprünglichen Text der Apostelgeschichte hat.[126]

Liest man Apg 1,23 mit dieser Tradition, die aus dem 2. Jh. stammt und auch in der lateinischen Kirche verbreitet war, dann gehörte Barnabas erstens zum engsten Jüngerkreis Jesu, trug zweitens auch den lateinischen Namen Justus und war drittens nicht dazu bestimmt, zu den zwölf Aposteln zu gehören.[127]

---

125 A. v. HARNACK, Die Mission und Ausbreitung des Christentums in den ersten drei Jahrhunderten, 2 Bde., Leipzig ^{4}1924, 58 Anm.1; ÖHLER, Barnabas 479.

126 Vgl. zum Folgenden J. READ-HEIMERDINGER, Barnabas in Acts: A Study of his Role in the Text of Codex Bezae, JSNT 72, 1998, 23–66.

127 Diese Tradition findet sich auch in einem Zweig der Pseudo-Klementinen (Rekognitionen I 60,5); vgl. dazu ÖHLER, Barnabas 90 Anm.16.

1.5 Barnabas in den Pseudo-Klementinen

Die Pseudo-Klementinen sind nach der Apostelgeschichte der wahrscheinlich älteste erhaltene Text, in dem Barnabas eine Rolle spielt.[128] Das Werk besteht aus mehreren Teilen, die zum Teil nur in Übersetzungen erhalten sind, und will von Clemens verfasst sein, dem römischen Bischof aus dem 2. Jh. Tatsächlich stammt es aus dem 4. Jh. Es handelt sich dabei um einen so genannten »Wiedererkennungsroman«, da der Protagonist Clemens während einer Reise seine Familienmitglieder wiedertrifft. Wegen ihrer auf judenchristlichen Überlieferungen basierenden theologischen Aussagen wurde diese Schrift von der Kirche als häretisch angesehen.

Für die Romanhandlung ist Barnabas von Bedeutung (Rekognitionen I 7–13; Homilien I 9–16).[129] Clemens befindet sich in seiner Heimatstadt Rom. Von Jugend an war er auf der Suche nach Antworten auf existentielle Fragen (vor allem zum Leben nach dem Tod), als er eines Tages von einem Mann in Judäa hörte. Dieser predige das Reich Gottes und bezeuge die Verlässlichkeit seiner Rede durch Zeichen und Wunder. Als diese Nachricht in Rom die Runde macht, tritt ein Mann auf, der später als Barnabas identifiziert wird. Er sei ein Schüler Jesu.

---

128 In den berühmteren Paulus-Akten kommt Barnabas gar nicht vor, obwohl sie im südgalatischen Missionsgebiet spielen. Nur in den davon abhängigen Titusakten wird der Name Barnabas erwähnt, wenngleich damit vielleicht auch nicht unser Mann gemeint ist (vgl. SCHNEEMELCHER II 199 f.). Auch die Erwähnung bei Hieronymus, *De viris inlustribus* 6, kommt über das in Apg Erzählte nicht hinaus.

129 Eine deutsche Übersetzung des Abschnitts aus den Rekognitionen findet sich bei SCHNEEMELCHER II 458–460 (J. IRMSCHER).

Anders als in der Apostelgeschichte hält Barnabas in den Pseudo-Klementinen zwei Reden (Rekognitionen I 7,3–6; 8,5–8). In der ersten geht es um das Evangelium: Der Sohn Gottes verspreche allen das ewige Leben, die sich nach seinem Willen richten. Ähnlich wie in Lystra (Apg 14,15) verweist Barnabas auf den Gott, der Himmel und Erde lenke. Clemens zeigt sich von dieser Rede beeindruckt, wobei er als besonderen Vorzug die Schlichtheit nennt, die Barnabas gegenüber spitzfindigen Philosophen auszeichne. Zudem habe dieser vor Zeugen Wunder vollbracht, die die Wahrheit seiner Worte unterstrichen.

In der zweiten Rede stößt Barnabas auf den Widerstand der Intellektuellen. Er weist darauf hin, dass er lediglich seinem Auftrag zur Verkündigung folge. Die Predigt anzunehmen oder zu verwerfen obliege jedem einzelnen. Als daraufhin Gelächter ausbricht, wird Barnabas von Clemens verteidigt.

Die folgenden Auseinandersetzungen enden damit, dass Clemens schließlich Barnabas bei sich versteckt und beherbergt. Barnabas wird sein Lehrer, bis er wegen eines Festtages in Jerusalem wieder abreist. Er gibt jedoch Hinweise, wie Clemens, der nicht aus Rom weg kann, ihn in Judäa finden könne. Clemens reist später tatsächlich aus Rom ab. Als er in Cäsarea ankommt,[130] sucht er zunächst nicht Barnabas, sondern Petrus. Er hat von dessen bevorstehender Auseinandersetzung mit dem Samaritaner Simon gehört (vgl. Apg 8,9–25). Im Haus des Petrus trifft er auch seinen »guten Freund« Barnabas wieder (11,7). Dieser verweist ihn an Petrus, der »am tiefsten in die göttliche

130 In den Homilien bricht Clemens von selbst aus Rom auf, wird aber durch ungünstige Winde nach Alexandria abgetrieben. Erst dort trifft er auf Barnabas.

Weisheit eingedrungen« sei (12,6). Barnabas tritt im Schatten des Petrus auf und verschwindet dann ganz aus der Geschichte.

Barnabas hat jedoch dem Petrus schon viel Gutes über Clemens erzählt. Das erinnert an Apg 9,27, wo Barnabas den Paulus bei den Aposteln einführt. Auch in den Pseudo-Klementinen wird also die Funktion des Barnabas als Vermittler betont. Alles andere ist die romanhafte Darstellung einer Figur des frühen Christentums.

Dabei fällt besonders auf, wie deutlich Barnabas hier dem Petrus zugeordnet wird. Diese Verbindung hat im Grunde eine historische Substanz, wie Gal 2,11–14 zu entnehmen ist. Die judenchristlichen Kreise hinter den Pseudo-Klementinen haben Barnabas ganz auf ihrer Seite gesehen. Er stellt für sie eine durch und durch positive Gestalt dar. Paulus wird hingegen nicht namentlich erwähnt; er verkörpert eine negative Figur (Homilien II 16 f.).

Ein Rom-Aufenthalt des Barnabas findet sich auch in den Petrus-Akten, wo es heißt, dass Paulus Timotheus und Barnabas von Rom nach Makedonien schickt (Petrus-Akten 4). Es ist jedoch nicht anzunehmen, dass die Nachricht vom Besuch des Barnabas in Rom (oder Alexandria) einen historischen Hintergrund hat.

1.6 Gregor von Nazianz

In einer hymnischen Grabrede auf Basilius den Großen verwendete der kappadozische Theologe Gregor von Nazianz (gest. 390) Überlieferungen zu Barnabas (*Oratio* 43). Mit Basilius (gest. 379) war er Zeit seines Lebens eng verbunden gewesen, sowohl in der Askese als auch im Wirken als Bischof. Auch theologisch standen sich die beiden sehr nahe. Gregor greift zur Beschreibung ihres Verhältnisses auf das Beispiel von Paulus und Barnabas zurück:

»Für manche wurde er eine feste Mauer und ein Wall, anderen zu einem Hammer, der Felsen zertrümmert, oder ein Feuer in den Dornen, wie die göttliche Schrift sagt, ›leicht verzehrend wie Stroh die Verächter der Gottheit‹. Wenn auch Barnabas, der dies sagt und schreibt, Paulus im Kampf beistand, so ist doch Paulus zu danken, der ihn zum Mitarbeiter im Kampf gemacht hat.« (PG 36, 540)

Gregor vergleicht also Basilius mit Paulus und sich selbst mit Barnabas. Er sei von seinem Freund ausgewählt worden, so wie damals Barnabas. Für das Bild des Barnabas ist das positiv, weil sein Zusammenwirken mit Paulus als vorbildlich angesehen wurde; negativ jedoch, weil die zu Beginn höhere Stellung des Barnabas vergessen wurde.

2. Die Barnabas-Akten[131]

2.1 Der Inhalt

Die Barnabas-Akten beginnen in Ikonion. Der Autor gibt sich als Johannes aus, der von Gott in Markus umbenannt und von Paulus, Barnabas und Silas getauft wurde (Barnabas-Akten 2). Im Vordergrund stehen zunächst Visionen, durch die z. B. Barnabas von seinem zukünftigen Martyrium erfährt. Markus hat ein besonderes Vertrauensverhältnis zu Barnabas (vgl.

131 Eine deutsche Übersetzung findet sich bei KOLLMANN, Barnabas 76–82, der griechische Text bei R. A. LIPSIUS/M. BONNET, Acta Apostolorum Apocrypha II/2, Hildesheim 1959 (Nachdruck 1903), 292–302.

Apg 15,37–39; Kol 4,10). Nach der Missionsreise durch Zypern bleibt Markus in Pamphylien – in Apg 13,13 kehrt er nach Jerusalem zurück – und trifft Barnabas und Paulus im syrischen Antiochia wieder (5 f.). Paulus ist verärgert, weil Markus so lange weg war und wichtige Schriftrollen in Pamphylien vergessen hat. Der Streit zwischen Barnabas und Paulus entbrennt nicht nur wegen Markus, sondern auch wegen der unterschiedlichen Reisepläne: Paulus will nach Jerusalem, Barnabas nach Zypern. Schließlich trennen sich die beiden, weil Paulus Markus partout nicht mitnehmen will (8). Dabei fällt auf, dass der Streit nicht entschärft wird. Lediglich Markus wird entlastet.[132]

Während ihrer Reise werden Barnabas und Johannes Markus von einem Sturm an die kleinasiatische Südküste verschlagen (11). Dort bekehrt Barnabas zwei Griechen, die ihm daraufhin ihren Besitz überlassen (12 f.). Er verteilt diese Güter, dem Bild des Wohltäters aus der Apostelgeschichte entsprechend (Apg 4,36 f.; 11,27–30), unter den Armen. Erst nach diesem ungeplanten Aufenthalt erreichen Barnabas und Markus Zypern (14). Der Verfasser demonstriert eine gute Lokalkenntnis, denn er führt viele Orte an, durch die Barnabas und sein Begleiter kommen. Barnabas heilt auf dem Weg Kranke, indem er ihnen das Matthäusevangelium auflegt (15), das er von einem Mitarbeiter des Matthäus erhalten hat (22). Mit Herakleides setzt er in Tamassos den ersten Bischof

132 Der Abschnitt über die Buße des Johannes Markus wird übrigens in mehreren Textzeugen ausgelassen (vgl. SCHNEEMELCHER II 422). Dies ist darauf zurückzuführen, dass der Streit zwischen Paulus und Barnabas für die Hagiographen problematisch war. In der Lobrede des Alexander Monachus (siehe dazu unten) wird die Interpretation, wonach es einen Streit über Markus gegeben habe, sogar schlichtweg verworfen (448–462).

Zyperns ein (17). Eine wichtige Rolle spielen die Bekehrung von Tempeldienern (14) und die Konfrontation mit paganen Kulten (19–22). Dabei wird einiges über das Kultwesen Zyperns gesagt, das durchaus historische Tatsachen enthalten könnte. In Alt-Paphos trifft Barnabas auf Barjesus (vgl. Apg 13,6–11), der offenbar wieder über genügend Macht verfügt, um das Evangelium von der Provinzhauptstadt fernzuhalten (18). Zudem gelingt es ihm, die Juden Zyperns gegen Barnabas und Markus aufzuhetzen (20.23). Diese verbrennen Barnabas schließlich außerhalb von Salamis, sodass nur seine Asche übrig bleibt. Johannes Markus gelingt es, diese Überreste zu bergen und in

Abb. 15: Geschichte des Barnabas, Nachfolge des Andrea Orcagna, Florenz (Ende 14. Jh.) Vatikan/Pinakothek

einer Höhle gemeinsam mit dem Matthäusevangelium zu bestatten (24). Danach flieht er nach Alexandria, wo er als Missionar wirkt (26).

2.2 *Die Entstehung*

Die genauen Ortskenntnisse der Barnabas-Akten machen deutlich, dass es sich bei dem Verfasser um einen Zyprioten handelt. Alle Orte, die er erwähnt, sind historisch gesichert. Nur zwei von ihnen, Salamis und Paphos, begegnen auch in Apg 13. Der Text spielt auch sonst auf einige Passagen aus der Apostelgeschichte an, vor allem auf den Streit zwischen Paulus und Barnabas (15,37–39) und die Konfrontation mit Barjesus (13,6–11). Hinzu kommt die Verfolgung durch Juden, wie sie in der Apostelgeschichte unter anderem in 13,50; 14,5.19 f. berichtet wird.

Der Verfasser bringt nicht nur einige Anspielungen auf die Apostelgeschichte, sondern auch eine Reihe von Auskünften, die zeigen, dass er nicht über historische Kenntnisse des frühen Christentums verfügt: Dass Johannes in Ikonion ein Zeuspriester gewesen und mit seiner Bekehrung in Markus umbenannt worden sei, ist erfunden. Nach Apg 12 stammt der Jude Johannes Markus aus Jerusalem und trug die beiden Namen schon immer. Auch ein Aufenthalt in Ikonion vor der Reise nach Zypern, noch dazu unter Beteiligung des Silas, widerspricht der Apostelgeschichte.[133]

Aus dem Ende wird deutlich, wann die Barnabas-Akten entstanden sind. Die Erzählung von der Bestattung der Asche und eines Exemplars des Matthäus-

---

133 Möglich ist, dass der Vf. für diese Angabe auf die Paulus und Thekla-Akten 2–7 zurückgriff; vgl. LIPSIUS, Apostelgeschichten II/2 286.

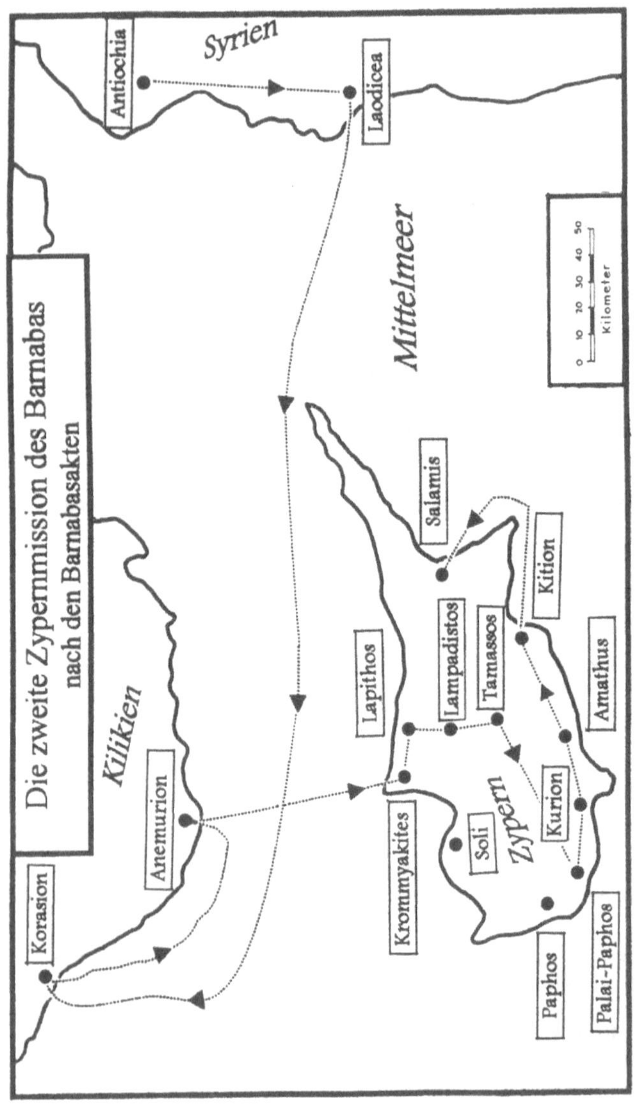

Abb. 16: Zypern nach den Barnabasakten

evangeliums in einer Höhle bei Salamis entspricht dem Bericht über die angebliche Auffindung dieser Stätte unter der Regentschaft des Kaisers Zeno (474–491). Wie die Lobrede des Alexander Monachos überliefert (758–772), wurde dieses Grab im Jahr 488 entdeckt.[134] In jener Zeit wehrte sich die zypriotische Kirche dagegen, unter die Jurisdiktion des antiochenischen Bischofs zu geraten. Mit der Auffindung der Überreste des Barnabas (bei Alexander ist es nicht die Asche, sondern der vollständige Leib) konnten die zypriotischen Kirchenfürsten die Apostolizität ihrer Kirche beweisen, sodass der Streit in ihrem Sinne ausging.

Die Barnabas-Akten stellen in diesem Kontext die volkstümliche Seite dar, die zur »Auffindung« Entscheidendes beigetragen haben mag. Was auch immer damals gefunden wurde, mit den Apostelakten des »Augenzeugen Markus« war die Echtheit nicht zu bestreiten.[135] Die Barnabas-Akten stellen damit kein Zeugnis für den historischen Barnabas, sondern für die kirchenpolitischen Probleme der zypriotischen Kirche zwischen 485 und 488 und deren Lösungsweg dar. Sie galten auch in der Westkirche als Heiligenviten, niemals aber als kanonisch.

134 Für spätere Belege dieser Auffindungslegende und der Bedeutung dieses Exemplars des Matthäus-Evangeliums vgl. LIPSIUS, Apostelgeschichten II/2 291–294. Sie findet sich etwa auch im Martyrologium Romanum, dem Gesamtverzeichnis der in der römisch-katholischen Kirche verehrten Heiligen, zum 11. Juni.

135 Die Differenz, dass in den Akten nur von der Asche, in späteren Zeugnissen aber von dem Leichnam die Rede ist, erweist die Akten wohl als die frühere Form.

3. Die Lobrede des Alexander Monachos[136]

Anders als bei den Barnabas-Akten kennen wir den Verfasser dieser Schrift. Der Mönch Alexander lebte in der 2. Hälfte des 6. Jh.s in der Nähe von Salamis. Sein Kloster lag nahe des angeblichen Barnabas-Grabes. Auch er greift mit seiner Schrift in den Streit um die Unabhängigkeit der zypriotischen Kirche ein.

Alexander beginnt mit der Herkunft und Jugend des Barnabas. Dieser sei auf Zypern geboren und mit den Eltern nach Jerusalem gekommen. Dort lernte er bereits in der Schule des Gamaliel Paulus kennen (vgl. Apg 22,3). Als Jesus in Jerusalem Wunder wirkte, kam Barnabas zum Glauben und überzeugte seine Tante Maria sowie Markus.[137] In ihrem Haus hielt Jesus sein letztes Passahmahl, erschien den Jüngern nach der Auferstehung, und dort geschah schließlich das Pfingstwunder.

Barnabas gehörte zu denen, die mit Jesus wanderten und war einer der 70 Jünger, die Jesus aussandte. Bei dieser Gelegenheit wird erklärt, dass Petrus durch den Heiligen Geist der Name »Barnabas« eingegeben wurde, »weil er durch ein Übermaß an Heiligkeit allen zum Trost geworden ist«.[138] Es folgt der Verkauf des gesamten Besitzes (vgl. Apg 4,37), der als Antwort auf die Reichtumskritik Jesu (Lk 12,33) gedeutet wird.

---

136 Eine teilweise deutsche Übersetzung findet sich bei KOLLMANN, Barnabas 83–93, der griechische Text bei P. VAN DEUN, Sancti Barnabae laudatio auctore Alexandro Monacho, in: Hagigographica Cypria, CChr.SG 26, Turnhout-Leuven 1993, 83–122. Für die Reihe Fontes Christiani ist eine griechisch-deutsche Ausgabe der Schriften von Alexander Monachus angekündigt, die B. KOLLMANN erstellt.

137 Diese Verknüpfung von Apg 12,12 und Kol 4,10 habe ich erörtert.

138 Übersetzung KOLLMANN, Barnabas 85.

Der Beziehung zu Paulus sind viele Abschnitte gewidmet. Zunächst verweigert sich Paulus den Überzeugungsversuchen des Barnabas, bis er sich schließlich vor Damaskus bekehrt. In Jerusalem legt Paulus vor Barnabas ein Bekenntnis zu Jesus ab, bei dem deutlich der christologische Streit des 6. Jh.s im Hintergrund steht. Daraufhin überzeugt Barnabas die Apostel vom Glauben des Paulus (vgl. Apg 9,27).

Es folgt wie in Apg 11 die Entsendung des Barnabas nach Antiochia. Alexander kannte auch die Legende, dass Barnabas in Rom gewesen sei (vgl. Pseudo-Klementinen), von wo er aber wieder fliehen muss. Er kommt nach Alexandria (auch dazu vgl. Pseudo-Klementinen) und über Jerusalem wieder nach Antiochia. In diesem Abschnitt findet sich eine interessante Reflexion darüber, warum Barnabas stets im Schatten anderer steht: »Denn wiederum war dieser Selige allen Menschen jener Zeit an Demut überlegen, bis zum äußersten erhielt er sie aufrecht; und dies steht allen aus seiner Geschichte offen da. Denn obwohl die von Gott eingegebene Schrift ihn überall den ersten nennt, räumte er selber den ersten Rang zugunsten derer, die um ihn herum waren, und nahm mit der zweiten Reihe vorlieb, indem er sorgfältig den Herrn nachahmte, der gesagt hatte: Lernt von mir, denn ich bin sanftmütig und von Herzen demütig.«[139] Die christliche Tugend der Demut also ließ Barnabas zurücktreten. Dass dies in Spannung zum Streit um Johannes Markus steht, spielt für Alexander keine Rolle.

Der Rückkehr aus dem Westen folgt die Anwerbung des Paulus für die gemeinsame Tätigkeit in Antiochia (Apg 11,25 f.). Die Kollektenreise (Apg 11,29 f.) und die Reise zum Apostelkonvent (Gal 2,1–10) werden von

139 Mt 11,19; Übersetzung KOLLMANN, Barnabas 88.

Alexander miteinander identifiziert. Die erste Missionsreise findet daher erst nach der Aufteilung der Missionsfelder statt. Über die Missionsreise wird wenig berichtet, dafür umso mehr über die Furcht des jugendlichen Markus.

Wie bei Lukas folgt danach eine zweite Reise nach Jerusalem (vgl. Apg 15). Dabei steht weniger die Jerusalemer Gemeinde mit ihren Beschlüssen im Mittelpunkt, sondern erneut Markus. Er bittet Barnabas reumütig um Vergebung für seine Feigheit, die ihm dieser auch gewährt.

Der Streit um Markus (vgl. Apg 15,37–39) wird von Alexander entschärft und als von Gott gewollt dargestellt: Zum einen meine das griechische Wort *paroxusmos* nicht Streit, sondern positiven Eifer. Zum anderen konnte Markus nur so zum Hirten und Lehrer über die Völker werden.

Die Darstellung der zweiten Reise nach Zypern wird nicht ausführlich geschildert. Sie beginnt aber mit einer äußeren Beschreibung des Barnabas: Eine göttliche Gnade habe sein Antlitz umgeben, sein Mund sei ehrwürdig, seine Augenbrauen seien zusammengewachsen gewesen usw. Von Beginn seiner Reise an hat es Barnabas mit feindlich gesinnten Juden zu tun, die seinen Tod wollen. Er nutzt sein Wissen darum zu einer stärkenden und ermahnenden Rede an die Gläubigen, in der er den Märtyrertod als Vollendung des guten Kampfes für den Glauben interpretiert. Alexander berichtet von der Steinigung des Barnabas und seiner anschließenden Verbrennung, die jedoch misslingt. Barnabas wird in einer Höhle bei Salamis bestattet. Der Umstand, dass die Begräbnisstätte vergessen und erst im 5. Jh. wiederentdeckt wurde, wird damit erklärt, dass die Gemeinde aus Salamis vertrieben wurde. Markus kam nach dem Tod des Barnabas zunächst zu Paulus (Phlm 24; Kol 4,10), dann zu Petrus (1Petr 5,13) und schließlich nach Alexandrien.

Alexander berichtet in einem abschließenden Abschnitt, wie die Begräbnisstätte gefunden wird – Barnabas erscheint dem zypriotischen Bischof Anthemios im Traum – und wie positiv die kirchenpolitischen Folgen für Zypern sind. Darin wird auch der 11. Juni als kirchlicher Gedenktag für Barnabas bestimmt, der bis heute gilt.

Alexander unternimmt in seiner Lobrede den Versuch, ein Gesamtbild des Barnabas zu entwerfen, in das er die Nachrichten des Neuen Testaments ebenso integriert wie legendarische Überlieferungen. In der zypriotischen Kirche konnte er damit die bleibende Verehrung des Barnabas sichern.

Eine literarische Rezeption der Lobrede des Alexander Monachos findet sich übrigens in den Akten des Bartholomäus und Barnabas, in denen der Abschnitt über Barnabas die Lobrede gekürzt übernimmt. Diese Akten stammen aus dem 11. Jh.

4. Barnabas und Mailand

Wir haben festgestellt, dass es eine Überlieferung gibt, nach der Barnabas auch in Rom wirkte. Ein damit zusammenhängender Traditionsstrang berichtet über seinen Aufenthalt in Mailand. Bei näherer Beschäftigung damit tut sich allerdings ein Abgrund an Problemen hinsichtlich der Texte und ihrer Datierung auf. Ich will mich daher auf das Wesentliche beschränken.[140]

---

140 Vgl. zum Folgenden LIPSIUS, Apostelgeschichten II/2 305–320; J. W. BUSCH, Barnabas, der Apostel der Mailänder. Überlieferungsgeschichtliche Untersuchungen zur Entstehung einer stadtgeschichtlichen Tradition, FMSt 24, 1990, 178 197; P. TOMEA, Tradizione apostolica e coscienza cittadina a Milano nel medioevo. La leggenda di san Barnaba, Mailand 1993.

Der vermutlich älteste Zeuge dafür ist die Jüngerliste des Pseudo-Epiphanius, die wahrscheinlich aus dem 8. Jh. stammt.[141] Mit diesem Text stimmt auch der Katalog bei Pseudo-Dorotheus (9. Jh.) überein. Es heißt darin über Barnabas: »Barnabas, der mit Paulus dem Wort diente, verkündigte als erster in Rom Christus; danach aber wurde er Bischof von Mailand.«

Eine solche Mitteilung findet sich allerdings weder in den Schriften des Ambrosius von Mailand (339–397) noch in anderen Werken aus Oberitalien. Sie stellt vielleicht eine Tradition dar, die im 7. Jh. die Stellung der Mailänder Kirche in der Lombardei stärken sollte. Dass sie zunächst in griechischer Tradition (Pseudo-Epiphanius und Pseudo-Dorotheus) überliefert wurde, ist auffallend: Wenn es sich nicht um einen späteren Zusatz handelt, dann könnte dies mit der schwachen Stellung der zypriotischen Kirche im 7. Jh. zusammenhängen. Diese war 649 von den Arabern besetzt worden. Barnabas wurde ihr als erster Bischof genommen und nach Mailand versetzt. Immerhin hatten schon die Pseudo-Klementinen über seine Wirksamkeit in Italien berichtet.

Erst in einem Werk zur Stadtgeschichte Mailands (*de situ civitatis Mediolani*) begegnet Barnabas wieder, von dessen Auftritt der Abschnitt *de adventu Barnabae Apostoli* berichtet. Über Barnabas wird dort teilweise in Anlehnung an die Apostelgeschichte berichtet, dass er mit Paulus geweiht worden sei, mit ihm als Heidenapostel gewirkt und sich wegen Markus von ihm getrennt habe. Besonderer Wert wird auf die Zeit in Italien gelegt. Zunächst kommt Barnabas als

141 Vgl. dazu SCHERMANN, Prophetenleben 134–144. Die älteste Abschrift dieses Textes (Paris 1115 fol. 228v.–233) stammt aus dem Jahr 1276.

Abb. 17: Barnabas tauft in Mailand (Ende 15. Jh.), Mailand, Biblioteca Ambrosiana, ms. H 87 sup., f. lr.

erster Apostel nach Rom und verkündigt das Wort Gottes, unter anderem auch Clemens. Hier zeigt sich die Aufnahme der Überlieferung in den Pseudo-Klementinen. Von dort geht Barnabas nach Mailand, wo er einen Griechen namens Anatalon zum ersten Bischof der Stadt weiht. Anschließend reist Barnabas wieder nach Jerusalem.

Dieser Text wurde völlig unterschiedlich datiert – jeder Zeitabschnitt zwischen dem 6. und dem 11. Jh. wurde erwogen. Zuletzt neigte sich die Waage dem 11.Jh. zu, da in dieser Zeit eine heftige Auseinandersetzung über den Rang der Mailänder Kirche im Gegenüber zu Rom stattfand. Erst im 11. Jh. finden sich erste Spuren einer besonderen Bedeutung des Barnabas in der Liturgie Mailands oder in Heiligenkalendern. Entweder handelt es sich bei den Notizen in Pseudo-Epiphanius und Pseudo-Dorotheus ebenso um spätere Hinzufügungen, oder aber die Stadtgeschichte des 11. Jh.s nahm die Bemerkungen aus diesen beiden Werken auf.

Im 14. Jh. wird der Konflikt zwischen Rom und Mailand in der Form entschärft, dass Barnabas als Delegierter des Petrus für Mailand angesehen wird. Bei zwei angeblich aus dem 4. Jh. stammenden Inschriften, die verloren und nur in Abschriften des 16. Jh.s erhalten sind und ähnlich den literarischen Texten das Wirken des Barnabas in Mailand nennen,[142] handelt es sich mit einiger Gewissheit um mittelalterliche Fälschungen.

Wenn es sich hier um die Neubildung einer Barnabastradition im 7. oder 11. Jh. handelt, dann hätte die Mailänder Kirche ähnlich wie die zypriotische im 5. Jh. die Person des Barnabas dafür genutzt, um kirchen-

142 Nachzulesen bei LIPSIUS, Apostelgeschichten II/2 305 f.

politisch zu argumentieren: Die Gründung durch einen Apostel, der zudem der erste Bischof war und sogar noch vor Petrus in Rom verkündigte, verlieh eine starke Position. Die Verehrung des Barnabas spielte und spielt in Mailand bis heute eine große Rolle. So sind dort, wie auch in anderen Städten Oberitaliens, Reliquien des Barnabas aufbewahrt, freilich in Konkurrenz zur Tradition Zyperns.

5. Das Barnabasevangelium

Besonders interessant für die Wirkungsgeschichte des Barnabas ist das Barnabasevangelium. Es ist nicht nur ein Zeugnis für die Rezeption des Apostels im Zusammenhang apokrypher Verfasserangaben, sondern spielte vor allem im 19. und 20. Jh. eine Rolle in muslimisch/christlichen Kontroversen. Im Folgenden soll knapp beschrieben werden, wie diese Schrift überliefert ist, wann und wo sie entstand, welche Inhalte sie vertritt und welche Rolle Barnabas darin spielt.[143]

143 Deutsche Übersetzung (allerdings aus dem Englischen): Das Barnabas-Evangelium, üs. v. S. M. LINGES, Bonndorf 1994. Literatur: C. SCHIRRMACHER, Mit den Waffen des Gegners, IKU 162, Berlin 1992; G.A. WIEGERS, Muhammad as the Messiah: A Comparison of the polemical Works of Juan Alonso with the Gospel of Barnabas, BiOr 52, 1995, 246–291; L. F. BERNABÉ-PONS, Zur Wahrheit und Echtheit des Barnabasevangeliums, in: R. Kirste/P. Schwarzenau/U. Tworuschka (Hg.), Wertewandel und religiöse Umbrüche, Religionen im Gespräch 4, Balve 1996, 133–188; M. DE EPALZA, Jesus zwischen Juden, Christen und Muslimen. Interreligiöses Zusammenleben auf der Iberischen Halbinsel (6.–17. Jahrhundert), Frankfurt a. Main 2002, 140–153; H.-J. KLAUCK, Apokryphe Evangelien. Eine Einführung, Stuttgart 2002, 264–267.

5.1 Die handschriftliche Überlieferung

Zwei Exemplare des Barnabasevangeliums sind noch erhalten, ein italienisches und ein spanisches. Die italienische Handschrift wird in der Österreichischen Nationalbibliothek aufbewahrt (Codex 2662). Sie wurde im Jahr 1713 von Johannes Friedrich Cramer an Prinz Eugen von Savoyen übergeben. Cramer hatte den Band in Amsterdam erworben. Der kleine Codex (155×110 mm) ist in rot und schwarz in Kursive geschrieben, enthält am Rand arabische Bemerkungen[144] sowie eine arabische Blatt- und Kapitelzählung. Die Kapitelüberschriften sind nur bis Kap. 27 ausgeführt, waren aber auch für die restlichen Kapitel vorgesehen. Die Handschrift stammt vom Ende des 16. oder dem Beginn des 17. Jh.s.

Eine spanische Überlieferung ist seit 1734 bekannt, als George Sale in seiner Koranübersetzung auch Passagen aus dem Barnabasevangelium nach dieser Tradition einfügte. Die Handschrift ging verloren; erst 1976 wurde eine Abschrift von ihr in Sydney wiedergefunden. Sie enthält nur Teile des Evangeliums, keine arabischen Bemerkungen, dafür aber ein längeres Vorwort. Auch das spanische Manuskript stammt vom Ende des 16. oder dem Anfang des 17. Jh.s.

In der Vorrede der spanischen Version wird über die Auffindung des Evangeliums berichtet. Ein Mönch namens Fra Marino habe das Buch aus der Bibliothek von Papst Sixtus V (1585–1590) entwendet, sich nach der Lektüre zum Islam bekehrt und sei nach Istanbul

144 Die Bemerkungen werden durch rote Linien auf bestimmte Abschnitte des Kapitels bezogen. WIEGERS, Muhammad 274, meint, die arabischen Glossen stammen vom Schreiber des italienischen Textes (mit weitreichenden Folgerungen).

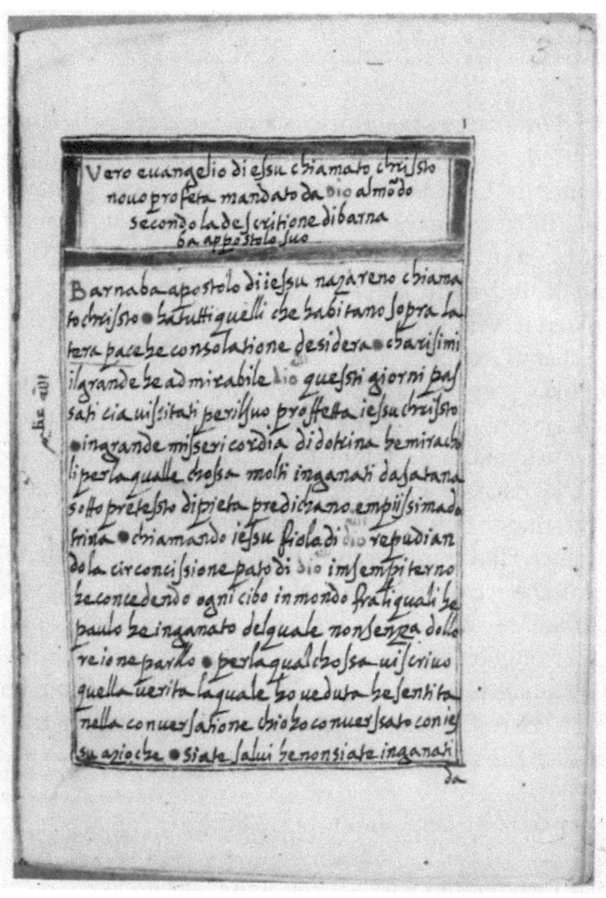

Vero euangelio di iesu chiamato christo
nouo profeta mandato da dio al mondo
secondo la descritione di barna
ba apostolo suo

Barnaba apostolo di iesu nazareno chiama
to christo . ha tutti quelli che habitano sopra la
terra pace he consolatione desidera . charissimi
il grande he admirabile dio questi giorni pas
sati ci a uissitati per il suo proffeta iesu christo
. in grande misericordia di dottrina he miracu
li per la qualle chossa molti inganati da satana
sotto pretesto di pieta predichano empiissima do
trina . chiamando iesu fiolo di dio repudian
do la circoncissione patto di dio in sempiterno
he concedendo ogni cibo inmondo fra liquali he
paulo he inganato del quale non senza dollo
re io ne parlo . per la qual chossa mi scriuo
quella uerita la quale ho ueduta he sentita
nella conuersatione chio ho conuersato con ie
su a cio che . siate salui he non siate inganati
da

Abb. 18: Textbeginn des Barnabas-Evangaliums, Italien (16./17. Jh.), Österreichische Nationalbibliothek Cod. 2662

geflohen.[145] Der Text sei von einem spanischen Muslim mit Namen Mostafa de Aranda, der in Istanbul gelebt habe, aus dem Italienischen übersetzt worden.

145 Der wirkliche Fray Marco Marini (1542–1594) war der Entdecker des Targum Jonathan.

5.2 *Frühere Erwähnungen eines Barnabasevangeliums*

Ein Barnabasevangelium ist schon vor dem Mittelalter zumindest dem Titel nach bekannt. Im so genannten Decretum Gelasianum findet sich eine Liste apokrypher Bücher, die wahrscheinlich aus dem 6. Jh. stammt und ein Evangelium des Barnabas erwähnt. Über Inhalt und Form ist jedoch nichts bekannt. In einem späteren Verzeichnis, der Liste der 60 Kanonischen Bücher (7. oder 8. Jh.), wird es ebenfalls unter den Apokryphen erwähnt, wiederum ohne nähere Beschreibung. Dass damit das heute bekannte Barnabasevangelium gemeint ist, ist nicht anzunehmen.

Die nächste Erwähnung eines Barnabasevangeliums findet sich bei einem muslimischen Autor spanischer Herkunft, Ibrahim Tabybili, der im nordafrikanischen Exil etwa im Jahr 1634 schreibt, dass im Barnabasevangelium »das Licht zu finden« sei. Damit ist zweifellos der uns erhaltene Text gemeint, da dessen Inhalt tatsächlich den Islam als wahren Glauben propagiert. Die beiden erhaltenen Handschriften sind zeitlich die nächsten Zeugen.

5.3. *Der Inhalt des Barnabasevangeliums*

Das Evangelium hat nach der italienischen Version 222 Kapitel, ist also umfangreicher als die neutestamentlichen Evangelien. Die Überschrift weist das Werk aus als »Wahres Evangelium Jesu, genannt Christus, eines neuen Propheten, von Gott der Welt gesandt gemäß dem Bericht des Barnabas, seines Apostels«.

Der Beginn ist als Briefanrede gestaltet. Barnabas bezeichnet sich als »Apostel des Jesus von Nazareth, genannt Christus«, der allen Menschen »Frieden und

Trost« wünscht. Das Vorwort will zeigen, dass der Verfasser des Evangeliums sich vor allem gegen die christliche Verehrung Jesu als Gottessohn wendet. »Viele, von Satan getäuscht«, predigen »eine höchst unfromme Lehre, ... indem sie Jesus Gottes Sohn nennen«. Am Ende des Evangeliums (221) heißt es dann: »Sieh zu, Barnabas, dass du unter allen mein Evangelium niederschreibst und all das berichtest, was sich durch mein Verweilen in der Welt zugetragen hat. Und schreib ebenso nieder, was Judas widerfahren ist, damit die Täuschung von den Gläubigen hinweggenommen werde und ein jeder die Wahrheit glauben möge.«

Statt Jesus wird Mohammed als Messias präsentiert; ein Gedanke, der sich im Koran allerdings nicht findet. Er verweist auf die christliche Herkunft des Verfassers: Messias ist für ihn, anders als für geborene Muslime, ein so hoher Titel, dass er ihn auf Mohammed anwenden kann, obwohl dies im Islam sonst nicht geschieht. Umgekehrt ist Jesus für ihn nicht der Messias, weil er sonst über Mohammed stehen würde. Muslimische Leserinnen und Leser des Barnabasevangeliums sind wegen dieser Differenz allerdings überzeugt, dass diese Schrift keine muslimische Fälschung sein könne.

Jesus bezeichnet sich im Barnabasevangelium als Vorläufer Mohammeds. Er spricht im Zusammenhang der Verklärungsgeschichte über den Gesandten Gottes: »Oh Mohammed, Gott sei mit dir, und möge er mich würdig machen, dir die Schuhriemen zu lösen, denn wenn mir dies gewährt wird, werde ich ein großer Prophet und Heiliger Gottes sein.« (Barnabasevangelium 44)

Johannes der Täufer kommt im Barnabasevangelium nicht vor. Die Ablehnung der Taufe könnte dafür eine Rolle gespielt haben. Jesus wird vor allem als Verkündiger dogmatischer und ethischer Themen präsentiert. Damit entspricht das Buch der »Evangeliumskategorie« des Islam, der Hadithe.[146] Ein wesentlicher Punkt der Lehre Jesu neben der wiederholten Ablehnung der Gottessohnschaft ist die Betonung der Beschneidung als unbedingt einzuhaltendem Ritual. Auch darin kann man einen Grund sehen, warum Barnabas als Autor herangezogen wurde: Im antiochenischen Zwischenfall (Gal 2,11–14) stellte er sich auf die Seite der Beschnittenen.

Dass der Verfasser Barnabas als Autorität für seine Schrift heranzog, lag vielleicht auch daran, dass er aus Apg 15 und Gal 2 von den Konflikten wusste, die dieser mit Paulus hatte. Es heißt im Vorwort: »Von diesen [den ersten Christen] wurde auch Paulus getäuscht, wovon ich nicht ohne Kummer spreche und weshalb ich jene Wahrheit niederschreibe.« (vgl. auch Kap. 222)

Wenn Barnabas von seinen Erfahrungen »als ich mit Jesus zusammen war« schreibt, stellt er sich als Jesusjünger vor. Es handelt sich also nicht um eine Offenbarung, sondern um ein Evangelium analog zu den neutestamentlichen, freilich mit dem dort nicht zu findenden Anspruch, von einem Augenzeugen geschrieben zu sein. Barnabas gehört zum engsten Kreis um Jesus, da nur er und Johannes bei ihrem Meister bleiben, als die Apostel ausgesandt werden (100).[147] In der Jüngerliste Kap. 14 findet sich Barnabas nach Andreas und Petrus an dritter Stelle mit der Bemerkung »der dies schrieb« – verbunden durch *con* mit Matthäus. Das könnte man als Hinweis verstehen, dass dem Autor die Legende aus den Barnabas-Akten bekannt war, in der Barnabas mit dem Matthäusevangelium bestattet wird.

146 Vgl. BARNABÉ-PONS, Wahrheit 159–164.

147 Die Hochschätzung des Evangelisten Johannes basiert auf der islamischen Theorie, wonach mit dem von Jesus angekündigten Parakleten (Joh 14,16.26; 15,25; 16,7) Mohammed gemeint sei.

Von Barnabas werden auch Emotionen berichtet: Unter Tränen fragt er nach dem Verräter (72) oder wendet sich gegen die Obrigkeit (88). Letztere Ansicht wird von Jesus allerdings abgelehnt.

In Kap. 10 wird ein Gespräch zwischen Jesus und Barnabas aus der Ich-Perspektive erzählt, in dem die Inspiration Jesu beschrieben wird. Er erhält alles Wissen von Gott, indem durch Gabriel ein Buch in Jesus eingesenkt wird. Jesus beauftragt Barnabas später, die Geschichte des Propheten Micha neu zu erzählen (159 f.).

Die besondere Beziehung zwischen Jesus und Barnabas wird in einem eigenen Kapitel deutlich (112). Diesmal bleibt Barnabas allein mit Jesus zurück, um die großen Geheimnisse enthüllt zu bekommen, die er im Evangelium weitergeben soll. Jesus ist betrübt, weil er für einen Gott gehalten wird: »Wenn die Menschen mich nicht Gott genannt hätten, hätte ich Gott hier gesehen, wie er im Paradies gesehen werden wird, und hätte sicher nicht den Tag des Gerichts zu fürchten gebraucht.«

Jesus sieht im Folgenden die Umstände seiner Entrückung, den Tod des Judas und die Ankunft des Messias Mohammend voraus. Ähnlich zum Koran (Sure 4,157 f.) findet sich die Überlieferung, dass an Stelle von Jesus Judas gekreuzigt worden sei. Jesus selbst sei in den Himmel entrückt worden.

Barnabas soll das alles nach Jesu Weggang weitergeben und die Mutter Jesu trösten. Schließlich erhält er mit Maria, ihren Schwestern, Martha, Maria Magdalena, Lazarus, Johannes, Jakobus und Petrus die Gnade, den entrückten Jesus in Begleitung von Engeln zu sehen (219). Er nutzt dies zu einer letzten Frage an Jesus (220). Danach sieht er Jesus in den Himmel zurückkehren (221).

Immer wieder wurde versucht, das Evangelium wenigstens in seinen Grundbeständen als frühchristliche Schrift zu erweisen. In der muslimischen Diskussion wird eine Legende als historisch verstanden, nach der Papst Damasus I. im Jahr 383 ein Exemplar des Evangeliums gefunden habe, das schließlich Fra Marino im 16. Jh. nach Istanbul gebracht haben soll.[148]

Die Versuche einer historischen »Rettung« des Barnabasevangeliums sind sämtlich gescheitert, da sie sich weder sprachlich noch inhaltlich halten lassen. Eine griechische oder aramäische Vorform ist nicht nachweisbar. Das Evangelium wurde anscheinend in Spanisch geschrieben. Inhaltlich sind hier zwar Gedanken zu finden, die schon im 2. oder 3. Jh. bekannt waren. Dass Jesus nicht wirklich gekreuzigt wurde, wurde schon in der judenchristlichen und gnostischen Tradition vertreten.[149] Doch in allen Teilen des Barnabasevangeliums ist der islamische Einfluss so deutlich, dass eine frühere, nichtislamische Fassung vollkommen unwahrscheinlich ist.

Man hat daher versucht herauszufinden, in welchem Umfeld ein Evangelium entstehen konnte, das islami-

---

148 Hinzu kommt noch die These, das Evangelium, mit dem angeblich im 5. Jh. der Leichnam des Barnabas auf Zypern gefunden wurde, sei das Barnabasevangelium gewesen. Schon Irenäus von Lyon (gest. um 202) habe aus dieser Schrift zitiert und im Jahr 1984 habe man gar in Südanatolien eine Handschrift gefunden; so LINGES, Evangelium des Barnabas 7–10. All dies ist nachweislich falsch bzw. freie Erfindung; vgl. dazu: C. SCHIRRMACHER, Das Barnabasevangelium (http://www.evangelium.de/1000.0.html) [11.8.2005]

149 Vgl. die Lehre des Basilides bei Irenäus, Gegen die Häresien I 24,3, wonach an der Stelle Jesu Simon von Kyrene gekreuzigt worden sei.

sche Züge trägt, dennoch aber eine gute Kenntnis christlicher und jüdischer Überlieferungen verrät. Der Blick richtete sich auf die Iberische Halbinsel in das Milieu der Morisko, zwangsgetaufter Muslime, die Anfang des 17. Jh. aus Spanien ausgewiesen wurden. In diesem Umfeld ist der historische Entstehungsort des Barnabasevangeliums zu vermuten.[150] Möglicherweise kannte der Verfasser eines der Evangelienverzeichnisse, die ein Evangelium des Barnabas erwähnen, und wählte daher den Namen Barnabas. Auf diese Weise konnte er seine Schrift mit altkirchlichen Zeugnissen stützen.

Das Barnabasevangelium ist seit dem Beginn des 18. Jh.s in Europa bekannt und diskutiert. Einen wichtigen Beitrag zur Diskussion lieferte John Toland, der die italienische Version in seinem Werk »Nazarenus« (1718) besprach.[151] Toland erkannte den muslimischen Charakter der Schrift. Heute spielt es eine Rolle in christlich-islamischen Kontroversen, da Muslime das Barnabasevangelium als das einzig richtige Evangelium ansehen. Es zeige, wie sehr sich das Christentum von dem wahren Jesus entfernt habe, heißt es doch darin: »Wenn also der Gesandte Gottes (= Mohammed) kommen wird, wird er kommen und mein Buch von all dem reinigen, mit dem die Gottlosen es verunreinigt haben.«[152] (124) Diese Ansicht entzieht sich jedoch einem historischen Nachweis.

---

150 Vgl. dazu v. a. BARNABÉ-PONS, Wahrheit 145–147. 164–176; DE EPALZA, Jesus 118–220.

151 Das Werk Tolands ist gut zugänglich bei G. PALMER, Ein Freispruch für Paulus. John Tolands Theorie des Judenchristentums, ANTZ 7, Berlin 1996.

152 Vgl. dazu BARNABÉ-PONS, Wahrheit 144. Die Bedeutung des Barnabasevangeliums wurde mir auch daran deutlich, dass in der modernen Bibliothek von Alexandria neben dem Neuen Testament auch eine englische Übersetzung des Barnabasevangeliums in zweifacher Ausführung steht.

6. Barnabas bei den Reformatoren

Barnabas spielt bei den Reformatoren keine besonders wichtige Rolle. In Nebensätzen wird deutlich, dass sie ihn neben dem entscheidenden Theologen Paulus aber wenigstens wahrgenommen haben.

6.1 Martin Luther

In seiner Auslegung zum Galaterbrief (1531; WA 40,I) versteht Luther Barnabas als Begleiter des Paulus unter den Heiden, der die Freiheit vom Gesetz verteidigt (153 f.). Interessanter ist die Bearbeitung des antiochenischen Zwischenfalls (Gal 2,11–14). Luther steht selbstverständlich auf der Seite des Paulus. Kirche und Evangelium hätten damals nur noch in seiner Person einen Anker gehabt: »Barnabas hat er als Gefährten verloren, den Petrus hat er gegen sich. … So kann auch auf Konzilien eine einzige Person mehr bedeuten als das ganze Konzil.«[153] (203) Das Verhalten des Petrus und Barnabas qualifiziert Luther eindeutig als Sünde (205).

In seinem Traktat »Vom Missbrauch der Messe« (1521; WA 8) geht Luther auf den auffälligen Umstand ein, dass Barnabas in der Apostelgeschichte schweigend dargestellt wird. Barnabas, so Luther, hätte sicherlich das Recht und die Fähigkeit gehabt zu reden. Er schweigt aber, weil es notwendig sei, eine Ordnung einzuhalten. Das sei auch im Gottesdienst unerlässlich (495). In einer Predigt aus dem Jahr 1523 (WA 11, 88 f.)

---

153 Erklärungen Martin Luthers zum Brief des hl. Paulus an die Galater, hg. v. T. Beer/A. v. Stockhausen, Weilheim-Bierbronnen 1998, 79. 1523 führt Luther das Beispiel des Irrtums von Petrus und Barnabas an, um die Irrtumsmöglichkeit von Konzilien zu belegen. Der Christ solle sich allein auf das Wort Gottes verlassen (WA 12, 417 f.).

nutzt Luther den Bericht über den Streit zwischen Barnabas und Paulus (Apg 15,37–39), um klarzustellen, dass kein Mensch perfekt sei.

Schließlich sei noch erwähnt, dass Luther die Einsetzung von Barnabas und Paulus für die Heidenmission durch den Heiligen Geist (Apg 13,2 f.) als Beleg wertet, dass die apostolische Sukzession nicht nötig ist. Beide wurden direkt von Gott berufen, und das gelte nicht nur für diese Zeit (1538, WA 46, 398).

6.2 Ulrich Zwingli

Der Zürcher Reformator erwähnt in seiner »Auslegung und Begründung der Thesen oder Artikel« aus dem Jahr 1523 Barnabas im Zusammenhang seiner Polemik gegen die Heiligenverehrung. Wer Heilige als Fürsprecher verehre, setze Geschöpfe an die Stelle Christi. Auch den Seligen werde er nicht gerecht, da diese doch alle Ehre Gott und Christus zugesprochen hätten. Als biblischen Beleg nennt Zwingli die Lystra-Episode: Weil Paulus einen Gelähmten heilt, werden Barnabas und er als die Götter Zeus und Hermes angerufen. Sie lehnen das vehement ab und verweisen statt dessen auf den lebendigen Gott (Apg 14,11–18).

»Genausowenig wie Paulus und Barnabas in Lystra kann es die ewig reine Jungfrau Maria dulden, dass man ihr die Ehre erweist, die ihrem Sohn zukommt. Denn sofern im Himmel die höchste Gerechtigkeit herrscht, darf sich keiner darüber freuen, sondern muss vielmehr zornig werden, wenn man ihm die Ehre erweist, die allein dem höchsten Sohn Gottes gebührt. Denn als das Volk in Lystra Paulus und Barnabas für Götter hielt und ihnen opfern wollte, riefen sie laut: ›O ihr Menschen, weshalb tut ihr das? Auch wir sind doch nichts anderes als schwache Menschen wie ihr.‹ Was meinst du, würden sie sagen, wenn sie heutzutage sähen, dass man bei ihnen sucht, was allein Gott zusteht?«[154]

6.3 Johannes Calvin

Der von 1550–1554 erarbeitete Kommentar Johannes Calvins zur Apostelgeschichte enthält etliche Bemerkungen zu Barnabas. Freilich steht er auch hier im Schatten des Paulus.

Hier fällt zunächst eine Lücke auf: Zum Ackerverkauf des Barnabas (Apg 4,36 f.) schreibt Calvin nichts, obwohl er die Gütergemeinschaft ausführlich behandelt. Zur Notiz über das Wirken des Barnabas in Antiochia (11,24) meint Calvin, dass die vom Geist gewirkte Güte des Barnabas sich darin gezeigt habe, dass er auf einer von anderen bereiteten Grundlage aufbauen konnte (§ 262). Barnabas wird von Calvin als Mann der Einfachheit *(simplicitas)* bezeichnet, der so bescheiden gewesen sei, Paulus den Vortritt zu lassen. Er habe Paulus aus Tarsus geholt (Apg 11,25), wissend, dass dieser an der ersten Stelle der Gemeinde stehen werde. Calvin versteht Barnabas deshalb als Vorbild für eine Haltung, der es nicht um persönliche Ehre, sondern um den Aufbau der Kirche geht.

Im Blick auf Apg 13,1–3 hält Calvin wie Luther fest, dass es hier um die Einsetzung von Aposteln durch Gott selbst gehe (§ 278). Calvin vergleicht dies mit der Pfarrerordination. Er hält auch eine Erörterung der Frage für nötig, warum Barnabas, der doch als Lehrer bezeichnet wird (Apg 13,1), in der Apostelgeschichte nichts sagt (§ 280). Er beantwortet sie mit der Aus-

---

154 Zu Artikel 20 (§ 195), in: H. Zwingli, Schriften II, hg. v. T. Brunnschweiler/S. Lutz, Zürich 1995, 231.

kunft, dass Barnabas dann etwas sagte, wenn Paulus schwieg. Außerdem habe es Lukas wegen der sachlichen Übereinstimmung der beiden nicht für nötig gehalten, eine Rede des Barnabas zu überliefern.

Interessant ist auch die Erörterung des Streits mit Paulus (Apg 15,37–39; § 367). Calvin hält zunächst fest, dass die Gemeinschaft von Paulus und Barnabas zum einen durch Gott gestiftet worden sei. Zum anderen hätte sie sich auch in der Missionsarbeit und den dabei erlittenen Anfechtungen bewährt. Dieser Bund sei wegen einer Kleinigkeit zerbrochen. Es hätte für Barnabas eine Ehre sein sollen, mit Paulus zusammenzuarbeiten; statt dessen habe er sich wie ein aufsässiger Sohn gegenüber seinem Vater verhalten. Andererseits hätte sich Paulus großherziger zeigen und ihm den Fehler verzeihen sollen, vor allem auch deshalb, weil Paulus nicht den Glauben des Johannes Markus, sondern seine Qualifikation als Lehrer angezweifelt habe. Dieser Streit warne davor, sich ähnlich zu verhalten wie Paulus und Barnabas.

7. Der Barnabiten-Orden[155]

Bei den Barnabiten handelt es sich um eine Ordensgemeinschaft, die im Zusammenhang der katholischen Reformbewegung vor dem tridentinischen Konzil (1545–1563) entstand. Diese reagierte vor allem auf die Reformation und wollte die Missstände der römischen Kirche bereinigen, ohne diese zu verlassen. Im Laufe des 16. Jh.s wurden etliche Orden so genannter Regularkleriker gegründet, also Gemeinschaften von

155 Neben den Lexikoneinträgen sei auf die Internetseite des Barnabiten-Orden verwiesen: http://www.catholic-church.org/barnabites/home.htm (7.4.2005).

Priestern, die einem Orden angehören. Unter ihnen waren neben der Gesellschaft Jesu (den Jesuiten) auch die »Söhne des Heiligen Paulus«, die Barnabiten.

Antonius Maria Zaccaria, der 1897 heilig gesprochen wurde, und andere gründeten den Orden 1532. 1533 erhielt er die päpstliche Approbation. Als sie 1545 in Mailand die Kirche St. Barnabas übernahmen, wurden sie im Volksmund Barnabiten genannt; ein Name, der bis heute verblieb.

Es gibt bei den Barnabiten drei Gruppen: Die Regularkleriker des Hl. Paulus, die Angeliken des Hl. Paulus (ein Nonnenorden ohne Kloster) und die Verheirateten des Hl. Paulus, eine Laienvereinigung. Der Orden verbreitete sich im 17. Jh. in den katholischen Ländern Europas. Er widmete sich besonders der Lehre und Forschung, aber auch der Verkündigung und der pastoralen Tätigkeit. Wie die Jesuiten waren die Barnabiten ein Instrument der Gegenreformation, z. B. in Österreich. Seit dem 18. Jh. ist der Orden in der Mission außerhalb Europas tätig. Im 19. Jh. breitete er sich weltweit aus. Heute gibt es ca. 500 Barnabiten in 17 Ländern, in 90 Häusern von Afghanistan bis Zaire. Die Person des Barnabas spielt in diesem Orden allerdings keine Rolle, da Paulus der Patron ist.

8. Barnabas in der Kultur des 20. Jahrhunderts

8.1 Die Kirche La Sagrada Familia von Antoni Gaudi

Der Katalane Antoni Gaudi (1852–1926) war einer der auffälligsten und ungewöhnlichsten Architekten des 20. Jh.s. Seine Werke sind vor allem in Barcelona zu bewundern. Sein Hauptwerk sollte der *Temple Expiatori*

Abb. 19: Temple de la Sagrada Família, Barcelona,
Apsis mit der Geburtsszene und dem Barnabasturm,
Antonio Gaudi (1883–1926),

de la Sagrada Familia werden, der jedoch bis zum heutigen Tag unvollendet blieb.

Gaudi war ausgesprochen religiös, sodass sogar seine Seligsprechung betrieben wurde. Der Bau der Kirche wurde ihm 1883 im Alter von 31 Jahren übertragen; er arbeitete daran bis zu seinem Lebensende. Die Kirche sollte nach seinen Plänen fünfschiffig sein, mit einem äußeren Kreuzgang und einer großen Apsis. Gaudi wollte 18 hohe Türme bauen. Diese sollten den zwölf Aposteln, den vier Evangelisten, der Jungfrau Maria und in der Mitte Christus selbst gewidmet sein. Figuren, Reliefs und andere Dekorationselemente waren mit symbolischer Bedeutung versehen. Er wollte mit dem gesamten Bau seine Vorstellung einer natürlichen und übernatürlichen Ordnung abbilden.

Nun ist auffällig, dass Gaudi Barnabas offenbar zu den zwölf Jüngern zählte. Der einzige zu seinen Lebzeiten vollendete Turm steht links des Ostportals mit der Geburtsszene und ist Barnabas gewidmet. Das wird durch eine Statue mit der großen Aufschrift »Barnaba Apostolos« deutlich gemacht. Rätselhaft bleibt, warum Barnabas von Gaudi als einer der zwölf Jünger angesehen wurde. Immerhin wird dadurch deutlich, dass Barnabas in seinem Umfeld hoch geschätzt wurde.

8.2 Barnabas im Film

Filme, in denen der Barnabas des Neuen Testaments eine Rolle spielt, gibt es leider nicht. Bei der bekanntesten Filmfigur mit dem Namen Barnabas handelt es sich um einen Vampir, der in der amerikanischen Fernsehserie »Dark Shadows« (1966–1971) bzw. im dazugehörigen Kinofilm »House of Dark Shadows« (1970, deutsch: Schloss der Vampire) von Jonathan Frid gespielt wird.[156] Der Untote Barnabas Collins ist in dieser ersten Grusel-Seifenoper der Fernsehgeschichte 1225 Episoden lang unterwegs auf der Suche nach Opfern und Erlösung. Die Frage, warum der Vampir gerade Barnabas genannt wurde, lässt sich nur spekulativ beantworten. Vielleicht klang der seltene Name einfach gruselig.

156 Ein geplantes Remake der Serie wurde im Jahr 2004 abgebrochen; vgl. dazu insgesamt http://www.collinwood.net/ (7.4.2005).

8.3 Barnabas in der Musik

Meine Recherche hat zwei Belege für das Auftauchen des Barnabas in der Musik des 20. Jh.s ergeben. Ein Beispiel ist der Negro Spiritual »Old Blind Barnabas«, der seit den 20er-Jahren mehrfach aufgenommen wurde, u. a. von den A Capella Trail Blazers (1927–1942), dem Golden Gate Quartett (1947), Johnny Lee Hooker (1949), Johnny Horton (1969), Elvis Presley und James Brown (1977), zuletzt von einer Gruppe namens »Blind Boys of Alabama« (2005). In diesem Lied geht es um einen Barnabas, der blind und verkrüppelt am Wegesrand in Galiläa steht und Jesus um Hilfe anfleht. Der Text nimmt anscheinend die Geschichte des blinden Bartimäus auf (Mk 10,46). Möglicherweise wird hier Barnabas auch als geheilter Jünger gesehen. Wichtig ist aber vor allem ein Gedanke, der für das Selbstverständnis der schwarzen Sklaven des 19. Jh.s tröstlich war: Ihr Leid ist das Leid der Menschen, die dem historischen Jesus begegneten und von ihm Heilung empfingen.

Ganz anders geartet ist die Verwendung des Namens »Barnabas« für eine christlichen Hardrockgruppe.[157] Die Gruppe wurde 1977 in den USA gegründet, bestand bis 1986 und nahm in dieser Zeit fünf Platten auf, denen 1992 eine CD mit alten Songs folgte (The Gospel according to Barnabas). Zuletzt spielten sie in der Zusammensetzung Kris Klingensmith (drums, percussion, lyrics), Nancy Jo Mann (vocals), Gary Mann (bass, keyboards) und Brian Belew (guitar). In Europa waren »Barnabas« nicht bekannt, hatten aber in den Vereinigten Staaten große Erfolge

157 Sämtliche Informationen über die Band basieren auf ihrer Homepage http://leconte.com/barnabas/ (7.4.2005).

und auch eine Reihe von Auseinandersetzungen mit Pfarrern, die diese Art von christlicher Musik ablehnten. Die Band ist immer noch so bekannt, dass sie eine rege Fan-Site betreibt. Auf eine Anfrage an Sängerin Nancy Jo Mann antwortete diese (9. 2. 2005), dass es vor allem die Übersetzung »Sohn des Trostes« (Apg 4,36) war, die die Bandmitglieder zur Wahl des Namens bewegte. Sie wollten mit ihrer Musik ebensolche Tröster sein wie der Barnabas der Bibel.

9. Barnabas in Kinderbibeln

Kinderbibeln berichten selten von Barnabas, denn in den meisten von ihnen kommt die Apostelgeschichte nur in wenigen Auszügen oder gar nicht vor. Das bedeutet, dass Barnabas weiterhin unbekannt bleibt. Immerhin gibt es Ausnahmen, von denen wir zwei näher betrachten wollen.

9.1 Echard zur Nieden

Diese Kinderbibel aus den Jahren 1993/94 (Nachdruck 1997) enthält lange Passagen, in denen die Apostelgeschichte nacherzählt wird. So werden etwa einige Abschnitte der Missionsreise (Apg 13 f.) aufgenommen. Der erste Teil wird mit besonderem Blick auf Johannes Markus erzählt (181–184). Gespräche mit seinem Onkel Barnabas und Paulus in Jerusalem führen dazu, dass er mit ihnen nach Antiochia reist. Markus erscheint hier fast noch als Kind, auf das Barnabas aufpasst. Betont wird die enge Verbindung der beiden.

Nach ihrer Berufung zu Heidenaposteln wollen Barnabas und Paulus Markus wieder nach Hause schicken, doch dieser will unbedingt mit. Nur zögernd stimmen sie zu. Bei der Reise selbst ist es allein Paulus, der predigt und in der Öffentlichkeit wirkt. Auch die Formulierung aus Apg 13,13 »Paulus und seine Begleiter« wird wieder aufgenommen. Nur im Gespräch mit Johannes Markus kommt auch Barnabas zu Wort. Er schickt Markus nach Jerusalem zurück, weil dieser sich vor dem wilden Land fürchtet.

Auch die Lystra-Perikope (Apg 14,8–20) findet sich in dieser Kinderbibel. Vor dem eigentlichen Geschehen informiert der Autor über Sagen der Griechen und erzählt Ovids Geschichte von Philemon und Baucis knapp nach. Das Geschehen setzt mit dem Wunder ein und führt dazu, dass die Apostel für Götter gehalten werden. Barnabas wird auf Grund seiner stattlichen Statur mit Zeus identifiziert; Paulus mit Hermes, weil er immer redet. Als die Apostel die Umstände begreifen (illustriert durch Priester mit bekränzten Stieren) ist er es auch, der die Verehrung ablehnt und auf Gott hinweist. Nur wenige Menschen bleiben und hören weiter zu. Die Steinigung des Paulus fehlt.

E. zur Niedens bleibt der Apostelgeschichte darin verbunden, dass er Paulus deutlich in den Vordergrund rückt. Barnabas bekommt durch seine Beziehung zu Markus ein besonderes Profil als Onkel, der fürsorglich auf seinen Neffen aufpasst.

9.2 Diana Klöpper und Kerstin Schiffer

In der »Gütersloher Erzählbibel« (2004) wird die Missionsreise aus Apg 13 f. gerafft nacherzählt. Wichtig ist dabei die Erkenntnis, dass sich Paulus und Barnabas als Heidenapostel verstehen, als die Verkündigung unter den Juden fehlschlägt (vgl. Apg 13,47).

In Lystra soll eine Heilung die Menschen für Jesus interessieren. Auf die folgende Ausrufung zu Göttern antworten Paulus und Barnabas gemeinsam (so auch

Apg 14,14). Es wird festgestellt, dass ihre Missionsarbeit nur geringe Erfolge hat. Zum Profil des Barnabas trägt diese Nacherzählung nicht viel bei, dazu ist der Abschnitt auch zu knapp.

D. VERZEICHNISSE

1. LITERATURVERZEICHNIS

1.1 Quellen

CALVIN, JOHANNES: Commmentarium in Acta Apostolorum, 2 Bde., hg. v. H. Feld, Ioannis Calvini Opera Omnia, Series II: Opera Exegetica XII/1+2, Genf 2001.

ESSER, GERHARD: Tertullians apologetische, dogmatische und montanistische Schriften, BKV 24, Kempten/München 1915.

BERNOULLI, CARL ALBRECHT: Hieronymus und Gennadius, De viris inlustribus, SQS 11, Freiburg/ Leipzig 1895.

VAN DEUN, PETER: Sancti Barnabae laudatio auctore Alexandro Monacho et SS. Bartholomaei et Barnabae vita pro menologio imperiali conscripta, in: Hagigographica Cypria, CChr.SG 26, Turnhout/ Leuven 1993, 1–135.

KLÖPPER, DIANA/SCHIFFNER, KERSTIN: Güters-loher Erzählbibel. Mit Bildern von Juliana Heidenreich, Gütersloh 2004.

LINGES, SAFIYYA M.: Das Barnabas-Evangelium, Bonndorf 1994.

LIPSIUS, RICHARD ADALBERT/BONNET, MAXIMILIAN: Acta Apostolorum Apocrypha II/2, Hildesheim 1859 (Nachdruck 1903).

LIPSIUS, RICHARD ALBERT: Die apokryphen Apostelgeschichten und Apostellegenden. Ein Beitrag zur altchristlichen Literaturgeschichte, II/2, Braunschweig 1884.

LUTHER, MARTIN: Erklärungen Martin Luthers zum Brief des hl. Paulus an die Galater, hg. v. T. Beer/A. v. Stockhausen, Weilheim-Bierbronnen 1998.

ZUR NIEDEN, ECKART: Kinderbibel: Was der Regenbogen verspricht (Altes Testament)/Kommt, wir sind eingeladen (Neues Testament), mit Ill. v. Ingrid und Dieter Schubert, Wuppertal 1997.

OVERBECK, FRANZ: Titus Flavius Clemens von Alexandria, Die Teppiche (Stromateis), Basel 1936.

PALMER, CLAUS-MICHAEL: John Toland, Nazarenus, in: G. PALMER, Ein Freispruch für Paulus. John Tolands Theorie des Judenchristentums, ANTZ 7, Berlin 1996.

RAGG, LONSDALE UND LAURA: The Gospel of Barnabas. Edited and Translated from the Italian Ms. in the Imperial Library at Vienna, Oxford 1907.

RAHMANI, L. Y., A Catalogue of Jewish Ossuaries in the Collections of the State of Israel, Jerusalem 1994.

REIFFERSCHEID, AUGUST/WISSOWA, GEORG: Quinti Septimi Florentis Tertulliani Opera, CSEL 20, Prag/Wien/Leipzig 1890.

SCHERMANN, THEODOR: Prophetarum vitae fabulosae, Leipzig 1907.

SCHERMANN, THEODOR: Propheten- und Apostellegenden nebst Jüngerkatalogen des Dorotheus und verwandter Texte, TU 31/3, Leipzig 1907.

SCHNEEMELCHER, WILHELM (Hg.): Neutestamentliche Apokryphen, 2 Bde., Tübingen ^{6}1990 und 1997.

WENGST, KLAUS: Barnabasbrief, in: Schriften des Urchristentums II, Darmstadt 1984, 101–202.

ZWINGLI, HULDRYCH: Auslegung und Begründung der Thesen oder Artikel 1523, in: Schriften II, hg. v. T. Brunnschweiler/S. Lutz, Zürich 1995, 1–499.

1.2 Monographien und Aufsätze

ALKIER, STEFAN: Wunder und Wirklichkeit in den Briefen des Apostels Paulus. Ein Beitrag zu einem Wunderverständnis jenseits von Entmythologisierung und Rehistorisierung, WUNT 134, Tübingen 2001.

AVEMARIE, FRIEDRICH: Die Tauferzählungen der Apostelgeschichte. Theologie und Geschichte, WUNT 139, Tübingen 2002.

BECKER, JÜRGEN: Paulus. Der Apostel der Völker, Tübingen ^{2}1992.

BERGER, KLAUS: Theologiegeschichte des Urchristentums. Theologie des Neuen Testaments, Tübingen 1994.

BERNABÉ-PONS, LUIS F.: Zur Wahrheit und Echtheit des Barnabasevangeliums, in: R. Kirste/P. Schwarzenau/U. Tworuschka (Hg.), Wertewandel und religiöse Umbrüche, Religionen im Gespräch 4, Balve 1996, 133–188.

BÖTTRICH, CHRISTFRIED: Petrus. Fischer, Fels und Funktionär, BG 2, Leipzig 2001.

BORNHÄUSER, KARL: Empfänger und Verfasser des Briefes an die Hebräer, BFChTh 35/3, Gütersloh 1932.

BREYTENBACH, CILLIERS: Paulus und Barnabas in der Provinz Galatien. Studien zu Apostelgeschichte 13 f.; 16,6; 18,23 und den Adressaten des Galaterbriefes, AGJU 38, Leiden/New York/Köln 1996.

BUSCH, JÖRG W.: Barnabas, der Apostel der Mailänder. Überlieferungsgeschichtliche Untersuchungen zur Entstehung einer stadtgeschichtlichen Tradition, FMSt 24, 1990, 78–197.

CLAUSSEN, CARSTEN: Versammlung, Gemeinde, Synagoge. Das hellenistisch-jüdische Umfeld der frühchristlichen Gemeinden, StUNT 27, Göttingen 2002.

CONZELMANN, HANS: Die Apostelgeschichte, HNT 7, Tübingen ^{2}1972.

ECK, WERNER, Art. Q. S. Paullus, in: DNP XI, 456.

DE EPALZA, MÍKEL: Jesus zwischen Juden, Christen und Muslimen. Interreligiöses Zusammenleben auf der Iberischen Halbinsel (6.–17. Jahrhundert), Frankfurt a. Main 2002.

HAENCHEN, ERNST: Die Apostelgeschichte, KEK 3, Göttingen $^{16(7)}$1977.

HARNACK, ADOLF V.: Die Mission und Ausbreitung des Christentums in den ersten drei Jahrhunderten, 2 Bde., Leipzig ^{4}1924.

HARRIS, JUDITH: Putting Paul on the Map, BAR 26/1, 2000, 14.

HENGEL, MARTIN/SCHWEMER, ANNA MARIA: Paulus zwischen Damaskus und Antiochien. Die unbekannten Jahre des Apostels. Mit einem Beitrag von Ernst Axel Knauf, WUNT 108, Tübingen 1998.

HOLL, KARL: Das Fortleben der Volkssprachen in Kleinasien in nachchristlicher Zeit, in: Gesammelte Aufsätze zur Kirchengeschichte, II: Der Osten, Tübingen 1928, 238–248.

HÜBNER, HANS: An Philemon. An die Kolosser. An die Epheser, HNT 12, Tübingen 1997.

JEREMIAS, JOACHIM: Jerusalem zur Zeit Jesu. Eine kulturgeschichtliche Untersuchung zur neutestamentlichen Zeitgeschichte, Göttingen ^{3}1969.

JERVELL, JACOB: Die Apostelgeschichte, KEK 3, Göttingen 1998.

KLAUCK, HANS-JOSEF: Apokryphe Evangelien. Eine Einführung, Stuttgart 2002.

KOCH, DIETRICH-ALEX: Barnabas, Paulus und die Adressaten des Galaterbriefs, in: U. Mell/U. B. Müller (Hg.), Das Urchristentum in seiner literarischen Geschichte, FS J. Becker, BZNW 100, Berlin/New York 1999, 85–105.

KOLLMANN, BERND: Joseph Barnabas. Leben und Wirkungsgeschichte, SBS 175, Stuttgart 1998.

MARKSCHIES, CHRISTOPH: Art. Barnabas, in: DNP 2, Stuttgart/Weimar 1997, 452.

MERKLEIN HELMUT: Der erste Brief an die Korinther, 2 Bde., ÖTK 7, 1 + 2, Gütersloh/Würzburg 1992–2000.

MITCHELL, STEPHEN/WAELKENS, MARC: Pisidian Antioch. The Site and its Monuments, London 1998.

MITFORD, TERENCE BRUCE: Roman Cyprus, in: ANRW II.7.2, Berlin/New York 1980, 1258–1384.

ÖHLER, MARKUS: Barnabas. Die historische Person und ihre Rezeption in der Apostelgeschichte, WUNT 156, Tübingen 2003.

ÖHLER, MARKUS: Elia im Neuen Testament. Untersuchungen zur Bedeutung des alttestamentlichen Propheten im frühen Christentum, BZNW 88, Berlin/New York 1997.

OLLROG, WOLF-HENNING: Paulus und seine Mitarbeiter. Untersuchungen zu Theorie und Praxis der paulinischen Mission, WMANT 50, Neukirchen-Vluyn 1979.

PROSTMEIER, FERDINAND R.: Der Barnabasbrief, KAV 8, Göttingen 1999.

READ-HEIMERDINGER, JENNY: Barnabas in Acts: A Study of his Role in the Text of Codex Bezae, JSNT 72, 1998, 23–66.

REINBOLD, WOLFGANG: Propaganda und Mission im ältesten Christentum. Eine Untersuchung zu den Modalitäten der Ausbreitung der frühen Kirche, FRLANT 188, Göttingen 2000.

REINMUTH, ECKART: Paulus. Gott neu denken, BG 9, Leipzig 2004.

RIESNER, RAINER: Die Frühzeit des Apostels Paulus. Studien zur Chronologie, Missionsstrategie und Theologie, WUNT 71, Tübingen 1994.

ROLOFF, JÜRGEN: Art. Apostel/Apostolat/Apostolizität I. Neues Testament, TRE 3, Berlin/New York 1978, 430–445.

ROLOFF, JÜRGEN: Die Apostelgeschichte, NTD 5, Göttingen [2]1988.

SCHÄFER, RUTH: Paulus bis zum Apostelkonzil. Ein Beitrag zur Einleitung in den Galaterbrief, zur Geschichte der Jesusbewegung und zur Pauluschronologie, WUNT 2. Reihe 179, Tübingen 2004.

SCHILLE, GOTTFRIED: Die urchristliche Kollegialmission, AThANT 48, Zürich 1967.

SCHIRRMACHER, CHRISTINE: Mit den Waffen des Gegners. Christlich-muslimische Kontroversen im 19. und 20. Jahrhundert, dargestellt am Beispiel der Auseinandersetzung um Karl Gottlieb Pfanders »Mîzân al-h_aqq« und Rah_matullah Ibn Halîl al-Utmânî al-Kairânawîs »Izhâr al-h_aqq« und der Diskussion über das Barnabasevangelium, IKU 162, Berlin 1992.

SCHNELLE, UDO: Einleitung in das Neue Testament, UTB 1830, Göttingen [5]2005.

SCHNELLE, UDO: Paulus. Leben und Denken, Berlin/New York 2003.

SCHRAGE, WOLFGANG: Der erste Brief an die Korinther, 3 Bde., EKK 7,1–3, Zürich u. a. 1991–1999.

SCOTT, JAMES M.: Paul and the Nations. The Old Testament and Jewish Background of Paul's Mission to the Nations with Special Reference to the Destination of Galatians, WUNT 84, Tübingen 1995.

THEISSEN, GERD: Die Religion der ersten Christen. Eine Theorie des Urchristentums, Gütersloh 2000.

THEISSEN, GERD: Die Tempelweissagung Jesu. Prophetie im Spannungsfeld von Stadt und Land, in: Studien zur Soziologie des Urchristentums, WUNT 19, Tübingen ^{3}1989, 142–159.

TOMEA, PAOLO: Tradizione apostolica e coscienza cittadina a Milano nel medioevo. La leggenda di san Barnaba, Mailand 1993.

WEHNERT, JÜRGEN: Die Reinheit des »christlichen Gottesvolkes« aus Juden und Heiden. Studien zum historischen und theologischen Hintergrund des sogenannten Aposteldekrets, FRLANT 173, Göttingen 1997.

WEISER, ALFONS: Die Apostelgeschichte, 2 Bde., ÖTK 5, 1 + 2, Gütersloh/Würzburg 1981 u. 1985.

WEISS, HANS-FRIEDRICH: Der Brief an die Hebräer, KEK 13, Göttingen 1991.

WIEGERS, G. A.: Muhammad as the Messiah: A Comparison of the polemical Works of Juan Alonso with the Gospel of Barnabas, BiOr 52, 1995, 246–291.

2. ABBILDUNGSVERZEICHNIS

zen Eugen von Savoyen. Ausstellung der Österreichischen Nationalbibliothek und der graphischen Sammlung Albertina, Wien 1986, 212 Abb. 32.

Abb. 19: Temple de la Sagrada Família, Barcelona, Apsis mit der Geburtsszene und dem Barnabasturm, Antonio Gaudi (1883–1926), Foto: Pere Vivas.

Zeitfracht Medien GmbH
Ferdinand-Jühlke-Straße 7
99095 Erfurt, Deutschland
produktsicherheit@kolibri360.de

Druck:
CPI Druckdienstleistungen GmbH
im Auftrag der
Zeitfracht Medien GmbH
Ein Unternehmen der Zeitfracht - Gruppe
Ferdinand-Jühlke-Str. 7
99095 Erfurt